王倩 著

如何成为

卓越幼儿教师

RUHE
CHENGWEI
ZHUOYUE
YOUER
JIAOSHI

济南出版社
汉唐书局

图书在版编目（CIP）数据

如何成为卓越幼儿教师 / 王倩著. —— 济南：济南出版社，2024.4
　ISBN 978-7-5488-6274-1

　Ⅰ.①如… Ⅱ.①王… Ⅲ.①幼教人员－师资培养 Ⅳ.① G615

中国国家版本馆CIP数据核字（2024）第065826号

如何成为卓越幼儿教师
RUHE CHENGWEI ZHUOYUE YOUER JIAOSHI

王　倩　著

出 版 人	谢金岭
出版统筹	冀瑞雪
责任编辑	冀春雨　陈永昊
装帧设计	谭　正

出版发行　济南出版社
地　　址　山东省济南市二环南路1号（250002）
总 编 室　0531-86131715
印　　刷　山东潍坊新华印务有限责任公司
版　　次　2024年8月第1版
印　　次　2024年8月第1次印刷
开　　本　170mm×240mm　16开
印　　张　11.75
字　　数　152千字
书　　号　ISBN 978-7-5488-6274-1
定　　价　39.00元

如有印装质量问题　请与出版社出版部联系调换
电话：0531-86131736

版权所有　盗版必究

"你是爱，是暖，是希望，
你是人间的四月天！"

诗人林徽因在《你是人间的四月天》中把刚出生的儿子比作"人间的四月天"——柔嫩的生命，带着爱、温暖和希望。

幼儿的健康成长，寄托着每个家庭对孩子美好未来的期盼。幼儿在身心、语言、认知等方面的良好发展，会惠及幼儿个人、家庭，也将惠及整个社会、国家和民族。当前学前教育已进入高质量发展阶段，教师专业素养是推动学前教育高质量发展的关键要素。幼儿教师要与时俱进，不断探索，以更多的爱和智慧面对一个个柔嫩而充满无限可能的生命，以开放的心灵面对开放的事业，方可寻找到可行的教育方法和教育途径。

《如何成为卓越幼儿教师》是齐鲁教育名家培育工程人选、山东省特级教师、齐鲁名师王倩从教二十多年来教育教学实践与思考的结晶。本书旨在通过教育教学情境的再现，为幼儿园教师和学前教育工作者提供真实、生动的教育案例和素材，引发教育思考，促进教育实践。本书主要包括"专业发展，探寻教师成长之路""园本教研，助力幼儿和美成长""教育科研，推动教育高质量发展""优质课例，引领教师深度发展"四大部分，内容涉及教师个人专业成长、园本课程开发、科研课题、优质课例等方面。本书案例翔实、生动，多维度、全面、真实地记录了作者热衷幼儿教育事业的初心情怀及专业成长的智路历程，再现了作者专业发展过程中"行"的实践、"思"的智慧。

教师专业化发展之路，是一条永无止境的道路，也是一条让我们的教育永葆青春的道路。在这条路上我们可能会遇到困难、失败、挑战，只要我们学会用毅力去坚守，用智慧去引领，用爱心去感染，勇做"抛砖人"，就一定能够在这条路上带领更多的人行稳致远。随着学前教育的快速发展，教师应致力于个人专业化发展，向着"科研型""专家型"教师的目标奋然前行，为幼儿教育事业贡献自己的力量！

汉唐书局编辑部
2024 年 2 月

目 录

第一部分　专业发展，探寻教师成长之路　/ 001

　　一、修身立德，为人师表　/ 003
　　二、学无止境，上下求索　/ 004
　　三、和美教学，风格突显　/ 011
　　四、教育科研，助力发展　/ 015
　　五、名师辐射，带动成长　/ 015
　　六、收获思考，追梦前行　/ 028

第二部分　园本教研，助力幼儿和美成长　/ 030

　　一、课程开发　/ 032
　　[开发课程1]《童玩课程，绿色成长》/ 032
　　[开发课程2]《魔法精灵园：行业文化进课堂》/ 036
　　[开发课程3]《园中"园"，课程园本化的探索与实施》/ 038
　　二、园本教研　/ 041
　　[园本教研1] 优质课教学活动站新位　/ 041
　　[园本教研2] 和谐的师幼关系　/ 044
　　[园本教研3] 家园沟通之家长学校　/ 059
　　[园本教研4] 聚焦户外提质量　/ 071

［园本教研 5］ 艺术节 / 074

［园本教研 6］ 幼小衔接：零起点，软着陆，多方协同助成长 / 079

［园本教研 7］ 儿童海报：从 1.0 版传统主题墙到 3.0 版"n+1"儿童海报 / 086

第三部分　教育科研，推动教育高质量发展 / 088

一、齐鲁名师培养工程研究课题 / 088

二、"十四五"课题 / 100

三、教育部新时代领军教师培养项目研究课题 / 149

第四部分　优质课例，引领教师深度发展 / 158

一、科学领域《动物之间的联络》活动设计 / 158

二、语言领域《梨子小提琴》活动设计 / 161

三、社会领域《我是理财小能手》活动设计 / 165

四、语言领域《动物法庭》活动设计 / 169

五、科学领域《我们的火箭威力大》活动设计 / 173

六、大班科学活动《动物怎样保护自己》说课稿 / 176

附　录 / 180

后　记 / 181

第一部分

专业发展，探寻教师成长之路

——记专业化成长之路

在青青的园圃中，破土而出的幼苗吐露嫩芽，美丽的花蕊含苞待放。我愿化作阳光，化作雨露，用爱、温暖和甘甜去滋润每一朵心灵之花。

25年前的一天，怀着赤诚的爱心，我走进了济南市经五路幼儿园（以下简称"经五路幼儿园"或"经五幼"），把我的追求、我的梦想、我的快乐、我的努力都化作春风细雨、阳光甘露，深深地融入这片沃土。25年点滴汇集，熔铸在我心间的是爱与奉献，是辛勤的耕耘，也是收获的喜悦。这些年，我用爱心和童心，筑起了孩子心中最美的风景，不知不觉间，我的身影竟也成了孩子眼中最美的身影！

有人说幼儿教师从事的是一份看护幼儿的简单工作，我却用爱心与慧心在幼儿教育这条路上播种下希望，用"师者匠心"点亮了孩子的双眸！25年来，我从未停止专业化发展的脚步。要想做一位让幼儿喜爱、家长满意、同事信服、领导放心的好老师，必须要在专业上有过硬的本领。工作中我不断在实践中创新，在创新中实践，从一名年轻教师迅速成长为骨干教师。多年来我积极承担各级展示观摩任务，并在实践摸索中逐渐形成了自己的教学风格，观摩课、示范课、送教课得到了全国、省、市、区同行们的认可和好评。"行者常至，为者常成。"自工作以来我曾荣获山东省特级教师、齐鲁名师、教育部首批新时代领军教师培养对象、山东省教学能手、山东省优质课一等奖、山东省优课、济南市

C类高层次人才、济南市优秀班主任、区教学能手、区首席教师、区十佳教师等奖项或荣誉称号；我所在的班级荣获市中区优秀班集体，我连续多年在幼儿园组织的家长师德问卷调查中成绩优异，受到师生和家长们的广泛赞誉。

回顾25年来走过的工作历程，我的专业成长得益于一次次公开课的历练，得益于自己精益求精的不断追求，更得益于济南市经五路幼儿园这一智慧团队。

我所在的济南市经五路幼儿园始建于1946年，是省市两级实验幼儿园、省十佳幼儿园。七十八载薪火相传，一代代经五幼人承接先贤，围绕"和谐教育——为孩子的一生发展奠基"的办园理念，精心打造出一支团结奋进、科研创新的团队，成就了一批积极向上、业有所成的幼儿教师，培育了一代又一代"身心两健、气质独特、心系家国、放眼世界"的市中幼儿。

经五路幼儿园是一所有着悠久历史和文化积淀的老牌幼儿园，这里团队优秀，名师云集，为每一位老师创设了施展自己才能的舞台。在团队的培育和引领下，幼儿园各类研究型、学术型骨干教师先后成长起来。勇敢逐梦的经五幼人一代传承一代，一批赶超一批，一个团队培育一个团队。整合名师资源，汇聚众人智慧，在传承中积淀，在磨砺中成长，是每一个经五幼人的成长路径。

下面以齐鲁名师的培养过程以及近几年的学习研究为例，结合"五位一体"的成长经验，和大家分享一下我的成长路程。

2016年4月，在入选"山东省第三批齐鲁名师建设工程"时，我给自己的定位是深度发展、特色成长、骨干辐射、服务奉献。一方面在省厅各级领导、专家的指导帮助下，加快自身的专业化发展步伐；一方面作为省优名师做好科研、帮带工作，不负重托，发挥骨干辐射作用，为学前教育的均衡发展尽自己的微薄之力。在学习中实践，在实践中再学习，在循环、递进中不断发展，拓宽专业化成长之路。

一、修身立德，为人师表

教师是教育之本，师德是教师之本。党的十八大以来，习近平总书记在关于教育工作的系列重要讲话中多次提到，把师德师风建设作为提升新时代教师素质、办好人民满意教育的首要任务，先后用"筑梦人""系扣人""引路人"等表现力极强的称谓表达对广大教师的殷切期望。

作为一名教师，我深感"以德立身、以德立学、以德施教"是每一位教师的从教之本，深知只有在工作中不断严格要求自己才能不辜负国家、社会对教育与教师的厚望。作为一名幼儿教师，一名"传道者"，我不断加强师德学习，用美好的情操陶冶自己，用美好的理想鼓舞自己，不断提高自己的师德修养。

多年的从教经历让我认识到，幼教事业是阳光下爱的事业，是培养人才的基础。爱别人和被别人爱是人生中的一种美好体验，是美好生活的源泉。爱到底意味着什么呢？我认为爱意味着奉献，爱意味着信任，爱意味着责任。作为一名幼儿教师，心中有爱更为重要，因为没有爱就没有教育，爱是教育的前提，更是一名教师应具有的师德的核心。要培养学生的优秀品质，教师就必须要有良好的师德。古人云："其身正，不令而行；其身不正，虽令不从。"师德本身就是一种强有力的教育因素。

现实中，许多教师由于存在"教师是教育者，孩子是受教育者"的观念，因此淡化了爱生意识，师生关系出现了一种不平等的现象，即教师成了施教者，孩子成了被动的受教育对象，淡化了教育过程中爱的互动。这种没有爱的教育并没有达到"以爱育爱"的目的。联合国教科文组织曾鲜明地提出21世纪教育的四大支柱：学会求知，学会做事，学会共处，学会做人。这就要求教师重视对学生进行爱生活、爱学习、爱他人的教育，树立"以学生为本""以促进学生发展为本"

的全新教育理念，建立和谐平等互相尊重的师生关系。每个教师不仅要懂得爱学生是自己的职责，更要懂得如何做才是真正的爱学生。

"用爱的眼光去发现，用爱的语言去滋润，用爱的双手去扶持，用爱的心灵去奉献！"这是我作为一名幼儿教师的座右铭。作为新世纪的育花人，一名新时代的教师，除了要有新的教育理念和高超的教育艺术，还要有超出常人的耐心和博大的襟怀。马克思说得好："只能用爱来交换爱，只能用信任去交换信任。"在我所任教的班级里，"童心"与"师爱"相互交织，信任、尊重、互爱的暖流汇集成奋发向上的凝聚力。

教育的本质是用一颗心唤醒一颗心。在教学实践中，我始终怀揣"行合趋同，千里相从"的教育情怀，用自己的高尚师德去感染、引领我的学生，用自己的理想去点燃学生的理想，让齐鲁名师成为名副其实的师德高尚的名师。

二、学无止境，上下求索

先贤荀子认为，人的一生要不断地学习。他在《劝学》一文中谈到学习的意义："君子博学而日参省乎己，则知明而行无过矣。"意思是说：有学识有修养的人如果广泛地学习，不断地思考，就可以做到智慧明达且行为没有过错了。学习是我们获得知识、培养技能、产生认知的重要途径。好学不倦、勤奋刻苦是为人师者应当具备的基本素质，没有好学不倦的精神和勤奋刻苦的行动，即使是天生聪慧之人也难免知识匮乏、见识短浅。

党的十九大报告指出，建设教育强国是中华民族伟大复兴的基础工程，必须把教育事业放在优先位置，深化教育改革，加快教育现代化，办好人民满意的教育。习近平总书记指出："教育是提高人民综合素质、促进人的全面发展的重要途径，是民族振兴、社会进步的重要基石，是对中华民族伟大复兴具有决定性意义的事业。"党的十八大以来，教育事业快速发展，在幼有所育、学有所教、推行素质教育、促进教育公平、培养高素质教师队伍等方面取得了可见、可感、可知的成就。

培养高素质的教师队伍，既是教师个人专业发展的需要，也是"办好人民满意的教育"的时代召唤。要成为一名优秀的教师，做一名人类灵魂的工程师，就要具有真才实学。著名的教育家夸美纽斯说过："不学无术的教师，消极地指导别人的人是没有躯体的人影，是无雨之云，无水之源，无光之灯，因而是空洞无物的。"所以，夯实专业基石，构筑牢固的知识框架，是我专业立身的追求。为此，我重新捧起求学时的课本、自己学习过的专业书籍、《幼儿园教育指导纲要》等，细细地读，慢慢地悟，原本那些枯燥无味、毫无关联的书本知识，慢慢地融合在一起，成长为一棵枝繁叶茂的大树。实践与理论真的需要不住地观照，在这样一个循环往复的观照过程中，理论因有了实践的印证而带来更为深入的思考，实践因有了理论的支撑而有了更为科学的方向。再次"回锅"的过程，是温习与回顾的过程，也是思索与生发智慧的过程。

随着时代的发展，我们的育人环境、对象也在发生着复杂、深刻的变化，因此与时俱进地学习新的教育教学理论显得尤为重要。在"充电"的过程中，我还阅读了一定数量的有关新教育教学理论的书籍，如刘焱的《幼儿园游戏教学论》、虞永平的《学前课程价值论》、杨晓萍的《学前教育回归生活课程研究》等。正如英国学者培根在《谈读书》一文中所说："读书足以怡情，足以傅彩，足以长才。"阅读丰富了知识储备，开阔了教学视野，也反哺着教育教学的全过程。

另外，教无定法，贵在得法，这要求我们在教育过程中要不断探索，勇于创新。一名好老师不能一成不变，也没有固定的教学模式可以照搬。我们要有改革创新意识，转变教育观念，以开放的心灵面对开放的事业，不断地探索，根据自己和受教育者的实际情况，寻找可行的教育方法和教学途径。

　　作为一名齐鲁名师，我深知培训与学习对我们的专业成长起着极其重要的作用。齐鲁名师这三年的培养期，可以说是我不断学习、观察、探索、总结与提升的过程。在这三年里，我充分利用齐鲁名师课程资源、经五幼教集团团队资源、家长资源、书籍资源，寻找自己的发展契机，走出一条属于自己的专业发展之路。

（一）课程资源

　　2017年1月的"第三届齐鲁名师第二届齐鲁名校长启动会议"中，山东省教育厅副厅长张志勇撰文《向着教育家的梦想奔跑》。文章介绍了往届齐鲁名师的成长历程，对名师工程人选寄予殷切的期望；华师大王建军教授"教育变革与教师专业发展"的报告，揆诸当下，深入浅出，为我们勾画出教师专业发展的蓝图，像一针强心剂，为我们的奔跑鼓足了士气……

　　为期20天的"名师名校长培训"分别于2017年2月和3月在华东师范大学和北京师范大学举行，各位教育名家的讲座及点评给我们带来了心智的启迪、情感的熏陶和精神的享受，让我们饱享了高规格的"文化大餐"。

　　专注课题研究，高屋建瓴促发展。2017年7月，在烟台龙口召开的"课题开题论证与专家指导会议"上，专家给予我们订单式一对一的专项指导，使我对课题研究有了更深层次的感悟和了解，也更加明晰了下一步的研究思路。

　　2018年11月，为期一周的"学习跟岗培训活动"让我开阔了视野，进一步感受到南方教育的新理念与新发展。

（二）团队资源（师徒帮带）

　　记得刚参加工作的时候，我们这群年轻人怀着满腔热情和教育理想走进教育的殿堂，开始了我们的教育寻梦之旅。济南市经五路幼儿园是一个独具特色的舞台，它给我们每一个人创设了施展自己才能的空间。为帮助我们这群年轻人迅速成长，领导为我们创立了师徒帮带小组，通过这种更为直接的牵手帮带活动，更有针对性地促进每位教师的个性化发展。

首先，骨干教师在身边，教育精英在引领，让我看到了优秀教师的风采，同时激发了我更高的理想追求。工作之初，每一次的帮带小组活动，都会带给我极大的触动。在共同听评课活动中，师傅并没有将思考完善的思路直接传授给我，而是通过富有启发性的建议、引人思索的言语，慢慢地触动着我对教育教学的思索。正是骨干教师循循善诱的指导，激活了我的思维，为我打开了一扇通向教育梦想的大门。

其次，帮带活动小组中同伴间的真诚相助，让我们共同进步。我们毕业于不同的学校，有着不同的起点，但我们都有着相同的职业梦想，期望尽快地实现自身的专业化成长。于是，在听课活动中，我们相互关注着对方，在其他老师的身上寻找闪光点，相互学习；在评课活动中，我们打开心扉，畅所欲言，交流着彼此的想法，为自身的发展获取更多的信息。正所谓"他山之石，可以攻玉"，我们共同学习，共同进步，这互动、互助的教育生态就是我们专业成长的优质土壤。

正是在这样一个和睦、温馨的大家庭中，我学习到了先进的教育教学理念，获得了初为人师的自信，慢慢学会了对教育教学的独立思索。下面我就谈一下在师徒帮带活动中我个人迅速成长的过程。

1. 准确定位，制订目标。

敖老师是一位具有良好师德、业务能力突出的科研型、专家型的省级优秀教师。在帮带小组中，我有幸成了敖老师的徒弟。身边有了这样的优质资源，学什么，怎样学呢？在经过仔细的思考后，我把师德、教育教学经验、教育科研能力三方面作为我学习的重点。有了定位后，师傅又根据我的具体情况帮我制订了"积蓄实力，蓄势待发"——"抓住机会，勇创佳绩"——"争当骨干，发挥辐射"的发展目标。

2. 积蓄实力，蓄势待发。

"不积跬步，无以至千里；不积小流，无以成江海。"在工作中我学做有心人，一直坚持着每天工作要有计划、有反思、有积累的习惯。看似每天积累的只是一些零散的细沙，但日积月累后便可聚沙成塔；每日的"千淘万漉虽辛苦"，但当你需要时便可"吹尽狂沙始到金"。在多听、多学、多想的基础上，我还十分注重知识的积累。专业书籍、网络资源都是我汲取知识的源泉；同时，积累自己主攻学科的精品教案，建立优质资源课件库，并及时上传到办公平台，为自己和大家提供方便。

3. 抓住机会，勇创佳绩。

在园领导给予的机会中，在师傅的帮助下，我也迅速成长起来。

师德方面：我始终把"争做领导放心、家长满意、幼儿喜欢的好老师"作为自己工作的目标。经过不懈努力，我被评为"区教学能手""区教书育人先进个人"，在幼儿园举办的家长幼儿满意度调查中获得了 99.99% 的好成绩，赢得了幼儿与家长的认可。

教育教学方面：我先后在市中区、济南市、山东省三级优质课评比中获得一等奖的好成绩。此外，还取得了省级实验课题优质课评比一等奖、市电教优质课一等奖的成绩，并参与济南市教育电视台优质课例的展播录制，多次承担了幼儿园对外公开课、送教下乡等任务。几年来我所教的百余名幼儿，先后 6 次在全国性美术作品比赛中获奖。正如大家对我的评价：尽管王倩老师从教时间不长，但是她的常识课教学总会给人根底深厚、耳目一新的感觉，活动选材紧扣时代脉搏，贴近幼儿生活实际，活动设计科学严谨、流畅自然，王老师已经形成了她的教学风格。

教科研方面：积极参加省级实验课题"科学与艺术的整合"，所在研究小组获得"优秀试验基地"称号，该课题历时五年，已顺利结题。近期参与的我园省级"十一五"子课题"通过网络资源进行民俗文化教育的研究"和"家园齐心协力，实现同步教育"已进入深化研究阶段，研究过程中我们保留了大量轨迹性资料，为顺利结题做好准备。在进行教科研的同时，我还积极撰写论文、教育札记，所撰写的20余篇文章在省、市、区评比中获奖或在各级刊物发表。

我在这一次次的锻炼中渐渐成熟，破茧成蝶。尽管这只蝴蝶不是特别美丽，但是它已经张开了翅膀，成功飞出了第一步！我深刻地感悟到，任何成功首先要有实力的保障，实力要从刻苦锻炼中来，要从不断反思中来，要从失败中锤炼出来。今后我要走的路还很长，我还要不断积蓄实力，争创更优异的成绩。

4. 争当骨干，发挥辐射。

记得园长曾郑重地对我说："给你三年时间，当徒弟努力学习；希望三年后你能羽翼丰满，也去当师傅，发挥自己的辐射带动作用。"为了实现这一期望，我主要从以下三个方面不断努力：

（1）争做科研骨干，促进教科研能力不断提高。结合幼儿园科研兴园的发展目标，深入研究课题，做科研型、专家型教师，是我正在践行的目标和方向。积极开展省级"十一五"课题下子课题的研究。

（2）争做班岗领头人，积极进行班本化课程的开发。以课程开发丰富课程资源，构建特色鲜明、贴合幼儿实际的园本课程。

（3）争当名师，双赢发展。成立"蝶变·蓓蕾"名师坊，形成教师专业发展的合力。名师坊团队老中青结合，有崭露头角的优秀教师，也有独树一帜的特色教师，大家带着"破茧成蝶、质变成长"的美好期许，互相学习，抱团发展，共同成长，真正实现了"百花齐放春满园"的发展目标，骨干教师的辐射带动作用也真正落到了实处。

5. 找到差距，继续努力。

虽然在师徒帮带活动中，我的成长十分迅速，但在这个过程中我也清楚地看到了自身存在的不足与差距：忙于琐碎、繁杂的日常工作，疏于记录与总结；计划性强，完成度欠佳；日程排得满，安静思考的时间少，提炼、提升上仍需下功夫。

6.集团辐射，一起前行。

"要想走得更远，就要与别人一起前行。"济南市经五路幼儿园有着强大的教师团队，一个个老师聚集成全园一体的大团队，群策群力；分散开来也有小的团队，如教学班三位一体的团队、教研组的团队等。当你成功时，有人和你一起分享；当你失败时，有人和你一起剖析问题的所在；当你迷茫时，有人给你打开照亮方向的明灯。没有经历过的人是体会不到生活在这种帮带的集体中是多么幸福。此外，济南市经五路幼儿园还充分发挥集团办园优势，成立了以济南市经五路幼儿园为龙头的济南经五幼教集团。庞大的教师团队更是如同滚滚江河，时刻为我的教育田园送来汩汩清流。在幼教集团内部，老师们各有所长，互相切磋，取长补短；各种园本课程、特色课程、优质课教学设计及视频等教育教学资源实时共享；幼教集团内部交流展示课时常举办……

在不同团队里，我扮演着不同的角色：在教学班我扮演班长的角色，在教研组扮演组长的角色，师徒帮带中我扮演师傅的角色，在幼儿园中我扮演引领者的角色……更多时候我是一个学习者，向其他优秀教师学习，博取众家之长，丰富自己的专业素养。不同角色使我学会了团结、协作，设身处地为他人着想。多年来，大家心往一处想，劲往一处使，在互助、互学的过程中共同得到发展。

（三）读书资源

获取知识的源头活水在哪里？在读书。教师提升业务水平的捷径是什么？是勤奋学习。读书是我们终身学习的最好方法。教育理论、教学艺术、教学名家论著、教学设计案例都应该成为我们学习的内容。遵照省厅提出的齐鲁名师培养要求，三年来我认真阅读名师工程推荐的书目，将思考心得形成读书笔记和教育感悟并上传平台，三年来共撰写文字约30万字。读书的过程是安静的，也是激烈的，伴随着思想火花的迸射，认真地去思考，去总结。

三年来我充分利用这三种资源，抓住一切机会发展自我，提高自我，默默奉献，不断地在实践、积累中得到发展，逐渐形成自己的教育教学风格。

三、和美教学，风格突显

二十多年的工作实践使我深刻认识到：作为教师，学习、实践与思考是教师博采众长、形成教学风格的重要途径，而尊重科学、合乎规律的教研则是教学风格提炼与形成的关键。在我园走"科研兴园"的道路上，我努力走教学与科研相结合的道路，力求使自己成为一名科研型教师。在不断地实践、积累中，我逐渐形成了"向美而行，以美育美"的教学风格。在教科研道路上，我逐渐树立起"自定目标、自我调控、自我发展"的研究探索意识，正不断朝着自主发展型专业教师的方向迈进。

经过多年积淀与提炼，结合齐鲁名师工程的学习资源和幼儿园独具特色的班本、园本化艺术课程体系，我努力追求"致和、尚美"的教学风格，努力构建"和美"的艺术课堂教学模式，逐渐形成了自己独具特色的"和美课堂"体系。幼儿园艺术领域包含美术和音乐两个学科，艺术离不开美，"和美"，即"和谐、尚美"。

多年来，我一直在一线担任教学工作。我在教学过程中总结出"三和·五美·四趣"教学法，围绕"关注每一个幼儿、玩好每一个游戏、经历每一种体验"这一目标，以美求真，以美启智，以美育人，努力创造"和而不同""各美其美""美美与共"的和美教育，促进每个幼儿全面和谐发展。

（一）和美之"和"

"和"是和谐的课堂。我追求的和谐课堂，力求营造和谐的氛围，面向全体幼儿，让幼儿乐学、会学，使幼儿成为课堂的主人，使课堂成为幼儿的乐园。为了让"和谐"深入课堂，围绕齐鲁名师工程提出的"让学术成为教师的专业语言"这一目标，我通过课堂这一主线，努力让"教师的工作更具专业化"，让"幼儿的课堂更具'和'的氛围"。

1. 情境氛围之和。以游戏为主要手段，创设游戏情景，在和融欢乐的氛围中让幼儿身心愉悦地投入活动。

2. 教学目标之和。从情感、能力、知识三维度确立课堂教学目标，最大限度地实现情感态度、知识积累、能力提升等几个教学目标的融合，实现课堂教学过程的优化和高效。

3. 教学过程之和。结合教学内容的差异，制定差异化的课堂教学方案，选择恰当的教学手段，适度整合各种教学资源，在和谐的氛围中做好引领者、支持者、合作者，让师幼对话、幼儿互动奏出和谐美妙的乐章。

结合课题的推动，通过课堂的打磨，和美之"和"得到了有效的实施。

（二）和美之"美"

教育因"和"而"美"，和谐的教育是美的。根据艺术领域对美的要求，我总结出了"和美课堂"五步教学模式。

第一步，欣赏美。创设情境，导入观察，在赏美中激发兴趣。

第二步，发现美。幼儿自主探索，发现、探究美。

第三步，创造美。结合自己的想法创意，构思完成美的作品。

第四步，升华美。发散思维，整合资源，开拓视野。

第五步，分享美。幼儿展示美的作品，幼儿自评、互评与教师点评相结合。

通过呈现教学艺术之美，挖掘幼儿表现之美，呈现教学效果之美，从而彰显每个幼儿自己对艺术的"各美其美"；以同伴互学为载体，通过合作表现"美人之美"；将各种艺术资源整合在一起，共同展现一个多彩的"美美与共"的艺术世界。这样"美"的艺术培养，让每一次的艺术活动都成为一次从笔尖到心底、从艺术到灵魂的快乐体验。我想费孝通先生提出的"各美其美，美人之美，美美与共，天下大同"这十六字箴言，一定程度上体现了我对和美之"美"的理解与追求。

带着这份理解与信念，我带着课题组的老师做了几个方面的改变：

1. 改变教学模式。我带领艺术组老师积极参与微课的培训与制作，让家庭成为学校课堂的延伸。短而精的微课教学，让幼儿无论在园还是在家，有没有老师、家长的陪伴，都能进行各种艺术形式的自主学习，改变了传统美术、音乐教学以课堂为主的教学模式。

2. 改变教学地点。我们尝试把课堂搬到大自然、区域角，结合不同孩子的学情，为他们提供不同的材料和工具，实施分层指导，为他们创造互助互学的环境。

3. 改变教具形式。我带领美术组老师开发了幼儿园资源库，将教具室搬到了网上。素材仓库"教师作品集锦"中收藏了美术组老师的436件教学作品，这些作品全部由教师亲手绘制而成。资源中心收集了美术组、音乐组的课件资源，其中教师自制课件140个，网络搜索课件534个。精品课例部分上传了我近二十年来所有获得省、市、区、园各级奖励的优质课教案和课堂实录近40个，为幼儿园的艺术教学储备了丰富的资源。

4. 改变展示形式。纸质的美术作品是孩子们展示的基本形式，我首创的幼儿电子画册则让孩子们有了更多展示与互动的空间。每学期我们都会将每位幼儿的艺术作品、参赛集锦、获奖风采用美篇的形式记录下来。一幅幅精美的作品，展示着孩子们的个性风采，让幼儿在相互欣赏中接受着"美"的熏陶，潜移默化中感受着"和"所带来的自信与快乐。

（三）和美之"乐"

"和"与"美"的教育，是为了给幼儿带来抚慰生命的乐趣。为此，我们主要从"材料激趣、课堂启趣、活动添趣、平台提趣"四个环节展开工作。下面重点介绍一下"活动添趣"环节。童玩课程是我园的园本课程，包含四大课程：以玩健体的童玩体育课程，以玩启智的童玩游戏课程，以玩养德的童玩德育课程，以玩育美的童玩美育课程。作为艺术领域的负责人，我带领课题组成员开发了童玩课程之美育课程，通过三项活动为幼儿艺术活动增添乐趣。

1. 环境育美。每年组织幼儿园环境创设评比，带领六个教学班创设和谐优美、灵动有趣的环境。教室、走廊、院落，到处都有孩子们动手装扮环境的身影，美育让幼儿园处处灵动起来。

2. 主题画展。每月一次的幼儿主题画展，在幼儿园走廊定期展出，吸引着无数家长和幼儿驻足赞叹。全园幼儿参与创作，优秀作品还在山东书城首期幼儿园专场画展中包场展出。

3. 文化艺术节。结合我的名师研究课题，我和艺术组的老师们开始用信息技术记录幼儿成长足迹，为每一位幼儿制作了一张属于自己的个性化定制的《宝宝成长档案》光盘。内容包括幼儿每学期的美术作品照片和表演节目视频。作为策划组织人，我连续15年承担了组织我园文化艺术节活动的任务。15届的文化艺术节，30场的专场演出，让全园每一位幼儿都能登上舞台，让每一份萌发于心的稚嫩梦想都在这张光盘中留下最美好的记忆。小小光盘已经成为孩子们每年"六一"最珍贵的成长礼物。

（四）和美之"果"

1. 塑造"和美幼儿"。

"和美幼儿"展示的是和美课堂的风采，更是和美课堂的主旨所在。几年来，我指导的150余名幼儿分别在全国、省、市、区级的绘画、故事大王、经典诵读等活动中获奖。编排的幼儿节目多次登上山东电视台、济南教育电视台，并多次获得节目展播一等奖。2017年，我指导大班幼儿参与了全国体育联盟组织的"童真彩虹"活动，孩子们精彩的表现受到各级领导的认可好评。2018年6月，在济南市阳光体育现场会中，幼儿游戏展示活动获得济南市同行称赞。2018年，10名幼儿在北京大学举办的3c立方和挑战赛活动中获得团体金牌。我所带班级多次荣获市、区级先进班集体称号。

2.成为"和美教师"。

三年来，我坚守着"三和·五美·四趣"的"和美课堂"，努力朝着"向美而行，以美育美"的教学风格转型。和美教师与和美幼儿的塑造，让幼儿逐渐走到教育的中央，架构起以幼儿为中心的教育生态，同时也形成了自己独特的"和美教学"风格，勾画出了一道美丽的教学风景线。

四、教育科研，助力发展

多年来，伴随着"十五"和"十一五"课题的深入研究，园领导和教师正逐渐探索出一条"构建新型师生关系，促进教师专业化成长"的特色之路，制作了"新型师幼关系，良好育人环境"专题片、"第六届文化艺术节活动"专题片，从而切实促进教师专业化发展，积极有效地促进孩子的和谐、全面发展。

优质高效的科研，为教师和幼儿园带来了生机与活力：孩子们的活动丰富而多彩，家长的配合积极且主动，教师的日常工作精细又高效，幼儿园的办园水平也在不断得到提升，在社会上树立起济南市经五路幼儿园优质学前教育的品牌形象。科研立身，科研兴园，有力地促进了老师的专业化发展，使幼儿园各项工作在内涵发展、外树形象中良性运转，从而形成全园务实高效、精益求精的工作作风。具体内容见本书第三部分"教育科研，推动教育高质量发展"。

五、名师辐射，带动成长

（一）成立济南市经五幼教集团"名师坊"

2015年，伴随着济南市市中区集团化办学的步伐，经五路幼教集团也应运而生。集团化办学是基础教育兼顾教育公平和质量的有效改革形式，是改变办学模式方面的一种新探索，目的在于扩大优质教育资源，扶持薄弱学校发展，提高办学效益。我深知经五路幼儿园作为集团龙头园的地位与作用，齐鲁名师称号不仅是一项荣誉，更是一种责任！怎样将自己在这个团队中获得的滋养回馈更多的人？怎样让集团更多的教师品尝到专业发展的甘甜？带着这样的责任和使命，我建立了"蝶变·蓓蕾"名师坊。名师坊里有年近五十的老教师，有入职不久的年轻教师，有崭露头角的年轻教师，还有独树一帜的特色教师。带着破茧成蝶、质变成长的美好期许，名师坊拉开了序幕……

"蝶变"的含义是美丽、新生、坚持、智慧，寓意着教师破茧成蝶，质变成长。"抱团发展、融合共进"是名师坊的发展愿景，"蝶变成长、各美其美"是名师坊对每一位教师的期待，"润泽蓓蕾、快乐绽放"则是名师坊对每一个幼儿的责任。相约名师，师徒同行，为集团内每一所幼儿园培养一批教师中的领头雁，这些领头雁带领更多的教师向着骨干教师的目标迈进，让经五路幼教集团的每一名幼儿接受最优质的教育。

为了支持名师坊活动，集团出台了"1234"行动计划，为名师坊保驾护航。

"1"即统一目标：蝶变成长、润泽蓓蕾。

名师坊的各位成员要有统一的目标。蝶变成长，指向教师层面，即老师经过在名师坊的学习，个人专业素养要有大幅度的提升，要实现从普通教师到专家型教师的蝶变成长。润泽蓓蕾，指向幼儿层面，即教师的专业发展要遵循教育规律和儿童身心发展规律，如春风细雨般润泽每一朵蓓蕾。

"2"即两种学习：开发课程、组织教研。

工作坊带领成员们深入研究课程标准，多方搜集各种版本的教材进行研究，积极探索班本课程研发与构建，并努力转化为园本课程。

工作坊以课程作为集团园共同发展的载体，不强调园本课程整齐划一，而是要求园本课程因校制宜，本土生长。应该说，园本课程开发难度大，进度缓，为推动课程经验的移植，最初的探索确实是以"任务"的方式入手，做了很多"规定动作"。在坊主手把手的引领下，工作坊成员渐渐地有了一定程度的"自我造血"意识。从"规定动作"到创新"自选动作"，教师的成长清晰可见，而这些专项课程也已成为各个园的园本课程，在推进幼儿园办园质量提升方面也取得了显著的成效。有了特色，有了亮点，集团各个园就有了属于自己的发动机，达到了相互融合、携手共进的教育状态，集团名师坊也初步具备了各美其美、美美与共的内涵式发展特色。

在名师坊中，成员可以得到更多的发展空间和机会，青年教师更是受益良多。工作坊成员在自身取得进步的同时，还会把自己的收获带回到自己所在的幼儿园，组织各种教研活动，起到了很好的辐射带动作用。另外，随着名师坊活动的不断深入，时空的限制带来的教研矛盾更加凸显。由于时间、空间、教师带班安排的限制，不同幼儿园的教师共同参加的横向交流不够通畅，因此我们在教研方式上寻求新的突破，创建了"云教研"的新形式。云教研为老师们搭建起随时、随地教研的云平台，极大地提高了教研的实效。工作坊开展的"新小班适应性入园""与家长沟通的艺术""大班幼小衔接""中班养成教育""升旗仪式的组织"等教研活动，让五所幼儿园的教师足不出户就可以在线同步参与教研活动，让名师坊实现了异地同时、受众更多的研讨。

"3"即三项帮带：带师德、带师能、带师研。

带师德，即帮助集团教师树立敬业爱岗、无私奉献、保教皆优的良好师德。带师能，即帮助集团教师掌握本教学领域的基础知识、技能与教学方法，以及驾驭课堂和教学反思的能力。带师研，即养成集团教师工作研究化、研究工作化的习惯，使她们初步具有教学研究能力。工作坊针对每个人的不同特点和需求，制定了个性化的帮带方案和学徒方案。每次成员上公开课、研讨课之前，工作坊的老师们总会听试讲、提意见、出谋划策，大到整体把握，小到每一句话的处理，都会细心地进行研讨，给予帮助。同课异构、一课多上，教师们一遍一遍扎实地走下来，既更新了教学理念，也丰富了教学方法，业务水平得到了很大提升。教师们说，名师坊把火种、温暖连同竞争一起播撒在经五路幼教集团的大地上，让我们人人有了胆识，有了信念，有了方法。

"4"即四种形式："订单式"培训、"互助式"研究、跟岗式交流、"创新式"训练。

（1）"订单式"培训。根据成员兴趣点的不同以及研究方向的不同，我们为其制定了个性化的培训方案，开展订单式一对一帮带。如泺源幼儿园王凤云老师喜欢泥塑课程，她凭借自己的爱好和特长进行了两年的研究，但仅仅停留在幼儿日常的泥塑作品上，深入发展遇到了瓶颈。根据王老师的需求，我为她量身定制方案，帮其广寻名师，推荐她拜入济南泥塑大师的门下精进手艺；我还帮她分析、梳理课程，形成了大、中、小三个年龄层次的班本课程；还帮她开办了小有规模的幼儿泥塑展览，获得了家长和同行们的认可和赞叹。短短一年，王凤云老师收获了泥塑作品省级一等奖及幼儿作品指导奖等多项荣誉，成为小有名气的有泥塑特长的专业教师。

（2）"互助式"研究。古人云："独学而无友，则孤陋而寡闻。"名师坊的目的之一就是"一朵云推动另一朵云"。为唤醒每一位骨干教师的内驱力，名师坊共同研究出了"听、讲、引、跟"的四步法。"听"，就是坊主充分地倾听成员教师讲自己的活动设计思路，找出闪光点，并给予肯定。"讲"，就是试讲，在实践中来验证成员自己的教学设计是否合理，教学方法是否得当，对孩子的分析是否到位，从而进行反思，自我评价。"引"，就是当成员教师有了思考、实践的基础，坊主再引导她们进行共同探讨，整理反思，变为己有。"跟"，就是坊主在引导后及时再跟进，成员再次进行执教，进一步完善教学活动。

（3）跟岗式交流。名师坊规定每周五是跟岗交流日。五位成员轮流来经五幼跟师傅（王倩）带班一天，近距离学习师傅的课堂理念以及带班小妙招。每学期每个成员至少进行四次的跟岗培训，大容量、有实效的观摩和学习，促使成员们达到了短期内快速提升课堂教学水平的目的。

（4）"创新式"训练。一是成员"走动式训练"。成员教师在不同园区上同一节课，同课异构，由师傅王倩老师进行指导。这样培养目标指向性更为明确，教师的课堂教学技能提升更快。二是成员"开放式展示"。成员每学期完成一次课程开放展示任务。不同幼儿园之间的差异，往往会呈现出各自的特色优势。差异化、特色化使不同幼儿园具有不同的内容呈现和优势。这些内容和优势整合成一个巨大的优质资源，如同一个巨大的推手，推动着经五路幼教集团的课堂教学改革、课程建设快速进行。

集团化的名师坊为幼儿园及师生搭建了成长发展的平台，为集团老师们的教育梦想插上了翅膀。工作坊发展的四年时间，凝聚了坊主对每一位成员的心血，也展现了成员的各自成长。名师坊里年近五十的陈老师于2018年获得济南市优秀班主任；骨干教师陈楠2017年获得区十佳教师称号，2018年9月在"齐鲁最美教师"评选活动中荣登首位；特色教师王玉获得区心理评优课第一名，获得一师一优课"区优""市优"，并进入"省优"评选；还有入职不久的年轻教师马肖肖，以市中区最美教师演讲比赛第一名的好成绩进入区工会演讲总决赛。名师坊墙内开花墙外香，集团名师坊的成员们也得到了快速成长。名师坊的建立，为集团园所培养了一批教师中的领头雁，这些领头雁带领自己本园更多的教师向着骨干教师的目标迈进。

（二）携手帮扶共成长

让每一所学校自信灵动，让每一位教师成功幸福，让每一名学生快乐成长，让每一位家长舒心满意，这样美好的愿景如今已在济南市市中区教育系统生根、发芽。为积极落实区教育局"集团化办园"的政策，我们经五路幼儿园组建了"1—2—3—4"的集团办学模式。

"1"是龙头园经五路幼儿园；"2"是乐山幼儿园、泺源幼儿园两所潜力园；"3"是兴隆一村幼儿园、兴隆二村幼儿园、吴家幼儿园三所村办园；"4"是长清区实验幼儿园、双泉镇中心幼儿园、后园幼儿园、北付幼儿园。我们集团各园之间本着在"认识上互通，行动上互促，情感上互融，能力上互补"的原则，通过丰富多彩的活动，实现了共享智慧、众筹成功、提升品质、催生蜕变的发展格局。

1. 了解现状，实地考察。我们经五幼各个岗位的负责人与村办园各个岗位的负责人"岗岗对接"，深入吴家幼儿园和兴隆一村、兴隆二村三所村办幼儿园，分别进行了"升类应查"、卫生保健、档案、园所建设等方面的工作指导。作为业务领导，我有计划地深入到班级进行手把手的教学帮扶。

2. 捐赠物资，解决困难。无论是物力还是人力，全面扶持村办园。

3. 敞开大门促交流。满足潜力园的主动需求，继续采取"请进来、走出去"的形式，切实解决潜力园的实际需要，加大相互沟通、相互了解的力度，不断寻找到各自供需的结合点，根据互利共赢的原则进行合作。

4. 开展"一日城乡幼儿交流"活动。我们让城区的孩子在家长的陪同下，去村办园体验一日乡村生活；接村办园的孩子到经五幼来体验城市幼儿园的一日生活。该项活动，让农村幼儿开阔了视野，享受到优质教育资源，也帮助城市幼儿增长了见识，学会了感恩惜福，促进了交往能力的提高。

帮带初步成果：

1. 指导教师发展。

坊内中青年教师姓名	荣获成绩	证明人
王　玉	2018年荣获市中区心理优质课一等奖；2018年荣获省一师一优课省级优课	刘芳
马肖肖	2018年荣获市中区优秀教师；市中区最美教师	刘芳
霍　莉	2017年荣获省一师一优课省级优课	刘芳
谢　莹	2017年荣获区教学能手，2017年荣获省一师一优课省级优课	刘芳
张乐雯	2018年荣获省一师一优课省级优课	刘芳
陈　楠	2016年市中区十佳教师	刘芳

2. 连续三年担任山东省远程研修省级专家。

3. 近三年，在济南市市中区幼教集团大发展之际，我时刻以发展市中幼教为己任，先后走进24所民办、村办幼儿园（4个集团园、3个村办园、4所长清园、13所幼教联盟小组），开展送教、送教研、指导环境创设活动。借助市中区视频电话局域网，率先在市中幼教开启了云教研；利用在线教研先后成功开展了集团运动会教研、集团优质课在线直播，以及课后评析教研、学术节筹备教研等，把每一次的帮扶作为提升内涵的新契机，在帮扶中发挥了龙头园的示范引领作用，帮助更多潜力园的老师加速成长。

4. 交流支教总结。

捧一颗爱心，收获一片阳光

寒往暑来，光阴荏苒。永长街回民小学那美丽的校园里有一棵百年皂荚树，它经历了秋的飘零、冬的沉睡和春风细雨的轻抚，在夏的气息里又一次长得枝繁叶茂，郁郁葱葱。皂荚树悄无声息的变化告诉我们，一年的时间倏忽而过。回想支教一年走过的道路，有爱心的播撒、智慧火花的绽放，也有收获的喜悦、幸福的感动。

有人说："使人成熟的，并不是岁月，而是经历。"一年的交流工作是机遇，是挑战，更是荣誉，极大地丰富了我的人生经历！还记得2013年的夏天，那时的皂荚树也是这么郁郁葱葱，我积极响应市教育局特、优名师跨校交流的政策，走进了济南市永长街回民小学附属幼儿园，成了市中区学前教育的跨校交流者。我感谢这段经历，感谢这段成长，在这里，我想要用文字记录下那些曾经帮助过我的领导和同事。

首先，感谢济南市教育局及市中区教育局领导对我的信任，为我提供学习、锻炼、提高的机会。为缓解入园难的社会难题，一大批新建园应时而生。永长街幼儿园是一所新建的小学附属幼儿园，在这里，我亲身经历了一个幼儿园的诞生与起步，做了以前从未做过的新尝试。我不知道一年的交流时光是否让自己变得更加成熟，但这一年让我明白了教师交流的意义和价值，也更加坚定了自己心中的教育理念和作为一名老师的责任和担当。

其次，感谢我的"娘家"学校——济南市经五路幼儿园，感谢培养我的刘莹园长。正是她多年的悉心教导、无私引领，才让我短期内在这样一个新平台找到感觉。在我困难的时候，她当我的老师，帮出点子，想办法；在我顺利的时候，她是我的朋友，分享我的喜悦，给予及时的点醒；当我忙碌的时候，她是我的同事，同甘苦，共谋策；当我困惑的时候，她会送上一句贴心话，伸出手来扶一把；在我遇到瓶颈的时候，她会创设机会，让我外出学习……她没有因为我的离开而忽视我，反而更让我享受到了领导独特的关怀与温暖；她智慧超凡的个人素质和人格魅力感染着我，引领我不断迈向新的旅途，不断体味成功的快乐；她对受援学校的无私帮助，支持着我的工作，更是体现了她的大爱、博爱和对学前教育均衡发展的无私奉献。

同时，还要感谢"婆家"学校——永长街附属幼儿园的领导和老师。从初始的"百废待兴"，到现在的有序正规，这是领导的支持和老师们共同努力的成果。虽然大家成长的轨迹不同，但是大家都有着一颗干事创业的心！校长的嘘寒问暖，让我感受到这个大家庭的和谐；园领导的朴实与踏实，让我懂得了许多为人处事的道理；同事们的真诚帮助，让我很快融入新"家"；回民孩子的纯真与善良，让我很快敞开了心扉……这一切的一切都在教育着我，感动着我。尽管前方道路曲折悠长，我将带着这些感动轻装上阵，勇往直前！

行走在路上，我时刻提醒自己是一名骨干教师，未来的目标不重要，现在的方向最关键！作为交流教师，我的使命就是传播更多优质资源，因此，我确定了自己的四个任务：一是两个学校间的智慧交流，二是优势团队带来的资源共享，三是真诚帮带建立正常秩序，四是实现幼儿园、教师、幼儿的三赢发展。带着这样的任务，在过去一年里我学会了更深层的思考和多方位的角色转换，明白自己未来在从教生涯中的方向和担当。交流，让我走进新建园的第一线，感受到了"白手起家"的不易；交流，让我体味到了教育不均衡带来的工作困难与艰辛，体味到了支教教师的酸甜苦辣。时而快乐，时而烦恼，时而激动，时而抱怨。其中曾经有着那么多满足的时刻，也曾有那么多的急躁与焦虑。一年来这里经历的点点滴滴，像一幅画卷一样在记忆中展开：从开始的陌生到熟悉，从熟悉到习惯，从怀疑到肯定，都带给我无尽的思考。而此刻，整理思绪，内心中只剩下一句话："收获永远大于付出！"

（一）捧一颗爱心——付出是爱的最佳体验

我也曾经是一位普通的老师，在经五幼团队的帮助下，我获得了省优质课一等奖的优异成绩和省教学能手的荣誉。我深知，一位教师的成长，离不开一个优秀团队的滋养。现在我要做的就是把经五幼的优质教育资源带到永长街幼儿园，用自己的努力，让经五幼的优质教育资源在永长街幼儿园生根，开花，结果。

1. 降低重心，打好基础。

"要么不去，去就要有去的意义和价值。"带着这样的理念，2013年8月底，我踏进了永长街附属幼儿园。从那一刻起，我就没有把自己当成一个"流水的兵"。我很快发现，新建园不需要"高端"，不需要带着"光环"高高在上的人，这里需要的是沉下心来、搞好常规、带好新人的铺路者！

于是，我配合园领导张骞主任，从零开始，以主人的姿态，在每一个平凡的支教日子里做着最平凡、最基础的工作。

（1）一人多岗，繁忙而劳累。这是一个刚刚成立两年的新建园，只有4个班，在编教师包括园领导在内只有5个人。刚刚来到永长街幼儿园，面对着人员缺少、水平差别很大的现实，我有些茫然无助。既然人员少，那就在有限的人力资源中尽可能地一人多用。从采购各种美术用品到研究改进食谱，从环境创设到安全设施巡查，从制订完善各种制度到组织教研活动，从常规带班到培养新人……一个个角色、一种种岗位做下来，我感受到的是疲惫的辛劳，是工作步入正轨的喜悦。

（2）身正示范，真诚沟通。一方是新建园，一方是初来乍到的"新人"。该怎样开展工作呢？记得园长曾对我说过"用制度管人、用流程管事、用记录体现过程"。对一所新建园来说，制度的建立、人际关系的和谐至关重要。因此，我更多的是以自己辛勤的工作、真诚的态度与新同事相处。正是因为我能够做到身正示范，真诚沟通，所以我既给永长街幼儿园带来了先进的管理制度与理念，也与这里的老师结下了深厚的友谊。

2. 传播思想，帮带新人。

幼儿园是刚刚扩建为四个教学班规模的新园，老师多数无丰富的教学经验，是典型的"新新团队"。我不断在永长街幼儿园的现状上寻找连接点，随时将先进的教学与管理理念传播。

（1）示范课，追求自我完善。

因为幼儿园是两教一保，因此我担任四个学科的教学任务。认真备好每一节课，上公开课20余节，分别涵盖五大领域。并随时接受领导与新教师的随班听课，在踏实做好日常教学的基础上，不断向新教师传授教育思想、理念。

（2）听评课，指导新人提高。

听评课30余节，精心指导新教师尽快熟悉业务，学会上课。为达成目标，我采用三步法：

一是"听"。坚持跟踪听课，并根据她们的兴趣和特长，确定各自的主攻学科，坚持每周听、指导主攻学科，找到她们在课堂教学中存在的一些突出问题。

二是"讲"。对教师课堂上暴露出的种种问题，进行认真分析、归类，并利用每周一次的教研活动时间，有针对性、有计划地对她们进行一对一、手把手指导，如怎样备课、上课、分析教材，把握活动的重、难点，在实际教学活动中，用什么方法解决和突破重、难点，这种菜单式的培训起到了较好的示范作用。

三是"做"。对于各位没有任何幼儿园保育工作经验的新保育员，我通过制订"保育员一日工作流程"指导表格，亲自示范，真诚提醒，帮带她们尽快熟悉幼儿园保育员的各项保育及配班工作。目前各位保育员已经能独立完成各项本职工作。

（3）业务讲座，引领教师养成"研究"习惯。

"工作研究化、研究工作化"，带着这样的理念，一年来，我利用教研活动时间，开展了"备课上课二级培训""环境创设""教师三年发展规划""评课辅导：如何上好一节公开课"等专题业务讲座，每周组织教研活动。我同时兼任着经五幼的教研组长，和省"十二五"立项课题子课题《信息化手段记录幼儿成长足迹的研究》的课题组长，面对这些研究活动，我尽己所能努力扮演着以下角色：

一是用自己的专业引领，做老师们的专业伙伴、人生知己。勇于进行教育科研的探索与实践，通过科研引领，促进教师不断克服困难，不断总结经验，从而进行有效的自我反思。通过分享与交流，大家在求新思变实践中教学相长，在学研型教师团队建设中共同成长！

二是用自己的智慧管理，成为学科专家。作为幼儿园教科研精神的传递者，要做到上能理解贯彻幼儿园教科研的指导思想，下能激发老师们的科研积极性，这就需要提高自身的管理智慧。组内研究氛围如何、人际关系如何，要用自己的管理智慧统筹考虑，综合组织，以获得理想的整体功效。

3. 做好家长工作。

一年来，我深深体会到做家长工作的难度大、要求高，经常会有家长提出不合理的要求，甚至是为难老师。我没有因为自己是交流教师而畏难躲避，而是勇于冲在最前面，通过召开家长会、网络交流、个别交谈等方式，将一个个难题化解，得到了家长的信任和认可。同时也通过言传身教帮带其他两位教师提高班级管理能力，提高与家长的沟通能力，使各项工作有序稳定，走上正轨。

4. 建立秩序，落实制度。

一是不缺位。对于小学已有的各项规章制度严格遵守，不离岗不脱岗；生活上从不向学校领导提要求，有困难自己克服。

二是不越位。对于幼儿园应该建立的新制度、新措施，主动与领导张骞主任沟通、建议，配合领导制订制度，并带头落实。

三是敢于谏言。根据自己的经验，对在工作中随时发现的幼儿园不合理的管理方法和安全隐患，及时反映，不怕得罪人，尽可能保证幼儿园的各项工作严谨科学、安全有序。

（二）收获阳光——回报是爱的感受

一年来各类比赛结硕果，全园师生提升了素质，开阔了眼界，增强了自信。

1. 区少年宫诗歌比赛。积极带领班内教师对参赛节目的队形、舞蹈、服装等各个方面不断提升，不断完善。通过大家的努力，最终节目获得了一等奖的好成绩，这是永长街幼儿园历史上的第一个一等奖，鼓舞了教师们的士气，增强了年轻教师的信心。

2. 教学比赛。积极配合园领导带领年轻教师参与区各类评比。（1）在区走访活动中，所指导的王甜甜老师获得了区一等奖的好成绩。（2）洪豆老师在区微型创新展示课中获得了好评。

3. 区直属园才艺展示。根据地域、民族特色和本园年轻教师的特点，编排了舞蹈《民族一家亲》，展示了民族特色与青春活力，得到了大家的一致好评。

4. 园环创评比。引领全园班级开展了园环创比赛，各班环境创设精美，符合幼儿年龄特征，体现了师生互动等特点，得到了校领导、家长、幼儿的一致好评。

作为交流教师，我的工作目标：一是资源共享、协作双赢，二是循序渐进、扎实稳妥，三是提炼有效经验、增强互动。

接下来我的努力方向：一要把心思集中在想干事上，二要把责任体现在敢干事上，三要把能力展现在会干事上，四要把目标定位在干成事上。除此之外，还要做好以下四个方面：

1. 勤于学习，提升自我。

2. 团结同事，和谐共处。

3. 勇于探索，做好本职。

4. 健康身心，踏实做人。

"一花独放不是春，百花齐放春满园。"这是我对骨干教师如何发挥垂范作用的理解。所以，今天当我走出累累果园的时候，我所能做的就是让姐妹园的教师品尝到硕果的甘甜，品味出人生的价值，这也是我对自己所从事的这份事业最好的回报。我会时刻严格要求自己，高调做事，低调做人，忍得住清贫，耐得住寂寞，肩要有担当，胸襟要宽广，思想要淡定，不断修炼心境，为我区学前教育的均衡发展贡献自己的力量。

六、收获思考，逐梦前行

帮带不只是帮别人，其实也在帮自己。孔子说："三人行，必有我师焉。"每位年轻教师都有自己的优势。每一次听评课活动，每一次交流都会带给我许多新的信息，有值得我学习的东西。在帮带的过程中，我时常会被她们的热情感染，被她们的率真感动，被她们的感性和理性激励。我总是把我的所学、所知毫无保留地与大家分享；老师们也总是把自己的所感、所悟直言不讳。整个研究小组充满了温暖、求实、热烈的研究气氛。对年轻教师的求教，我总是热情对待。一节教学活动大到整体把握，小到每一句话的处理，都会细心地给予帮助。通过这样的活动，我们捕捉火花，展示创意，激励创新，使帮带活动具有研究性、专题性、发掘性、创新性、实效性、多样性和学科性的特点。每一次活动都凝聚着集体智慧，促使教师的专业化水平不断提高。

在领导的培养和个人努力下，三年来我荣获了很多荣誉，且成绩斐然，但这只代表过去，在今后的工作中我还会朝着以下目标继续迈进：

1. 善于反思，注重积累。养成善于反思、注重积累的好习惯，提高论文撰写能力，在写作中梳理自己，积累经验，提升认识。

2. 提高效率，关注细节。养成马上就干的良好工作习惯，不等、不靠、不拖延。既要培养自己宏观掌握的能力，又要学会关注细节，深思熟虑，让自己的工作更加条理化、层次化、清晰化。

3. 知行合一，发挥作用。学习与行动有效结合起来，目的是要促进发展。有了正确思想的引导，有了理论的支撑，积极实践将是一条必不可少的道路。结合自身工作，加强一日活动管理，严格执行幼儿园各项规章制度。以教研活动为手段，在研究中与老师们一起提高自身教学能力，充分发挥齐鲁名师的帮带辐射作用。

　　专业化发展之路，会永葆青春，且永无止境。在这条道路中我们可能会遇到困难，遇到失败，遇到挑战，只要我们学会用毅力去坚守，用智慧去引领，用爱心去感染，勇做"抛砖人"，就一定能够在这条路上带领更多的人行稳致远。我要伴着经五路幼儿园快速发展的步伐，加快个人专业化发展，向着"科研型""专家型"奋斗目标勇毅前行，为幼儿教育事业贡献绵薄之力！

第二部分

园本教研，助力幼儿和美成长

好的幼儿园应该为幼儿的多元发展架构立交桥，而课程则是幼儿多元发展的重要载体，更是凸显幼儿园办园理念的有效手段。教育部明确提出："为保证和促进课程对不同地区、学校和学生的要求，要实行国家、地方和学校三级课程管理。"而我园实施包括班本课程在内的四级课程管理已经超过十余年。我们的多元课程以"四大体系""八大平台"，形成了课型多元、课程多层、结构多模、课程多选的课程建设体系，体现了"关注每一个幼儿成长、关心每一位教师发展、吸引每一个家长参与"的课程理念。

我们的课程"四大体系"是：

国家课程——五大领域（语言、艺术、科学、社会、健康）

地方课程——落实省编教材（山大版教材）

园本课程——"成长体验"课程

班本课程——"园中园"课程

我们落实课程的实施途径有"八大平台"：园长运营智慧、教师团队建设、平台资源整合、课程教学教研、活动策划展示、园外资源拓展、家庭资源整合、环境区域创设。

由下页图表可见，园本课程在我园"多元课程体系"中有着重要地位，在课程实施过程中发挥着重要作用。在长期的教育实践过程中，我们找准课程定位，结合园本特色，开发了独具特色的"成长体验"园本课程体系。

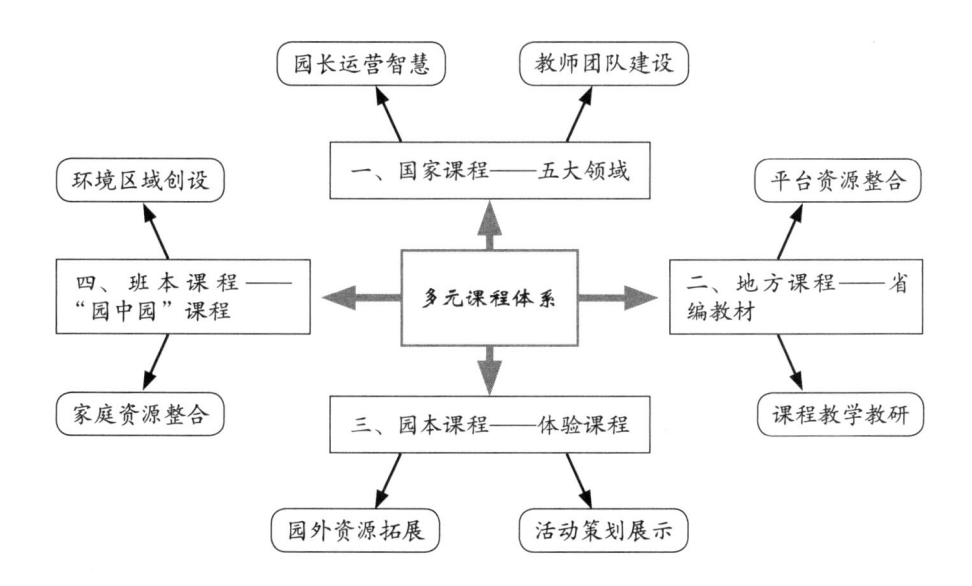

```
              园长运营智慧      教师团队建设
                    ↖         ↗
  环境区域创设          一、国家课程——五大领域         平台资源整合
         ↖                  ↑                    ↗
  四、班本课程——  ←     多元课程体系     →   二、地方课程——省
   "园中园"课程                                编教材
         ↙                  ↓                    ↘
  家庭资源整合        三、园本课程——体验课程      课程教学教研
                    ↙           ↘
              园外资源拓展      活动策划展示
```

1. **课程理念**：以经历、体验伴随幼儿成长。

2. **课程目标**：引导幼儿通过亲身参与实践，获得切身体验和初步认知，培养幼儿人际交往能力、实践能力和积极向上的个性品质。

3. **课程构建**："篱笆式"的课程结构，横向为每个年龄段的能力目标，纵向是涉及三个模块的特色课程，交叉点上是基础课程模块和特色课程模块的结合。这个课程因联系而扎实，因生成而开放，因拓展而丰富。

4. **课程实施形态**："活动型"。课程采用级部和班级相结合、园内和园外相结合的组织方式，以体验活动为主，根据幼儿的年龄特点、兴趣、能力等实施丰富的成长体验课程，提高体验活动的质量。

5. **课程评价**：课程评价更加关注幼儿的成长发展过程，关注幼儿"经历了什么""体会了什么""感受了什么"，着眼于提高幼儿的实践能力，使幼儿在实践中获得体验和经历，在体验中快乐成长。

对于国家课程和地方课程，各幼儿园都在坚持落实。基于国家课程和地方课程，我园在园本课程开发上做了如下尝试。

一、课程开发

[开发课程1]《童玩课程，绿色成长》

喜欢玩游戏是儿童的天性，顺应儿童天性的课程才能切中幼儿教育的肯綮。2017年，我带领幼儿园老师们开发了"童玩课程"，课程以"关注每一个幼儿、玩好每一个游戏、经历每一种体验"为目标，具有"以玩健体、以玩启智、以玩养德、以玩育美、以玩育心"的特点，在玩中促进孩子健康成长。

1. 以玩健体，玩出体魄——童玩课程之绿色体育。

近年来，我园坚持实施童玩绿色体育课程，让体育充满阳光，让锻炼充满趣味，让幼儿从内心喜欢运动，力求让运动习惯陪伴一生。其中，"一拳、一球、一世界"的童玩课程——绿色体育，更是深受幼儿和家长的欢迎。

（1）"一拳"，即跆拳道。

每周二上午是经五路幼儿园跆拳道特色体育课程活动日，每个级部都有40分钟的体验时间，此课程我们已坚持多年，且风雨无阻。我们根据幼儿的年龄特点进行分层教学，内容不仅有有趣的游戏和活动，还有跆拳道基础动作的练习。阳光下，挥拳、踢腿、喊口号……孩子们尽情展示着他们勇敢、自信的气势！

（2）"一球"，即"花式篮球"。

花式篮球是幼儿园绿色体育的第二大特色。通过每天必做的全园球操、户外活动和定期举办的运动会、文化艺术节等，培养幼儿打篮球的兴趣及良好的运动习惯。各班编排的富有本班特色的球操新颖有趣，结合器械的秀球表演更是吸引了众多家长积极参与。"让篮球流行起来"，成了我园一道亮丽的风景线。

（3）"一世界"，即3C脑体双优，玩出精彩世界。

多年来，幼儿园一直重视幼儿户外活动的组织与开展，始终发挥着"小场地大舞台"的作用。2016年我园加入北京"3C脑体全人"课程。在北京大学专家引导下，在专业教练引领下，我作为3C教研组的组长，积极努力学习，深挖课程资源，使幼儿园游戏课程呈现出器械丰富新颖、游戏多元有趣的特点，幼儿在身体技能、大脑认知、社会交往等方面都取得了极大的进步，幼儿园成为幼儿快乐游戏的世界。

绿色体育之成长收获：一是收获了体能，各种动作练习增强了幼儿的体力和柔韧性；二是收获了快乐，男教练自身特有的开朗、自信、勇敢和豁达，培养了幼儿不怕挫折、勇于竞争的良好品质；三是收获了礼仪，跆拳道推崇的"以礼始、以礼终"的精神，让孩子们理解了"礼"的含义；四是"打球运动"成为了幼儿终身受益的好习惯。总之，我们将不断通过"一拳、一球、一世界"的丰富多元的体育课程，让孩子们乐中学，趣中练，以玩健体，玩出健康体魄。

2. 以玩启智，玩出智慧——童玩课程之绿色游戏。

在幼儿园，游戏即课程。2016年9月起，我们于每周五在全园开展"串门游园"混龄区域游戏课程。该课程丰富了孩子的知识，架设起课程融通交会的桥梁。

（1）串门游园。

"串门游园"课程，让幼儿从个人兴趣出发，不受年龄和班级限制，自由走班串门，自由选择区域。该课程一定程度上实现了幼儿跨班级、跨年龄段的融通。经五路幼儿园经过14年的探索，形成了六个不同风格的园中"园"，即民俗园、创意坊、乐智园、美食园、绿色园、艺书苑。"串门游园"课程的开发依托于经五路幼儿园"园中有园"的班本课程。6个班级的36个主题区域课程同时开放，大班和小班结对手拉手，有序地上下楼，游园串门。这样的混龄互访课程彻底打破了年龄、班级之间的界限，大带小的游戏，不仅为孩子们提供了经验共享的机会，而且提高了孩子们的交往能力。

（2）儿童乐园。

"串门游园"课程的开展主要是在室内，"儿童乐园"课程则最大限度地将空间拓展。充气城堡、CS大战、搭建王国、沙土乐园、泡泡世界……你以为这是某商场的游乐园吗？其实这是经五路幼儿园第十四届主题为"游戏——点亮快乐童年"文化艺术节的现场。室内和室外两大活动区域给孩子们提供了广阔的空间。全园幼儿在欢乐自由、自主轻松的氛围下，自选同伴，积极参与各项游戏活动，体验游戏的乐趣，享受游戏的快乐时光。

（3）超市大乐购。

生活即教育，幼儿财商是幼儿感知生活、支配"财富"的重要能力。为此，我们在六一儿童节开设"大型超市"，让孩子们走进幼儿财商体验专场。"超市"分为商品区和饮食区，分别由不同班级的老师进行策划布展，区域设计独具匠心，商品琳琅满目，摆放合理有序。家长成为"柜台"的主角，古灵精怪的舞蹈，自编自创的叫卖，时而引来小朋友们的捧腹大笑，时而让现场的老师忍俊不禁，掌声阵阵。膳食岗的老师为孩子们提供了各色美食。孩子们手拿"现金"，或在商品区购买心仪的商品，或在饮食区购买可口的美食。超市大乐购，让孩子们初步懂得了合理支配财富的方法，为幼儿感知生活、规划生活提供了初步经验。

绿色游戏之成长收获：玩，就是最好的教育；游戏，就是孩子在幼儿园里的"功课"，孩子的智慧就是在这些"五花八门"的绿色游戏中开启。在游戏里，孩子学会了展现、表达自己，敢于想象、创造，收获了认知与经验。

3. 以玩养德，玩中正本——童玩课程之绿色德育。

我们在长期的教育实践中发现，童玩课程不仅可以在班级和幼儿园开展，还可以走向家庭、社区和社会。绿色德育已经在童玩课程的实施过程中生发并呈发散态势。德育课程最大限度地利用社会环境、自然环境和社区资源,做到了活动空间的融通,使得德育课程有了自主造血功能,活力无限。

(1)升旗活动爱中华。

每周一的升旗仪式,全园师生着装整齐,精神抖擞地站在操场上,身着升旗服的幼儿升旗手和全园小朋友注视着国旗冉冉升起、迎风飘扬,共唱国歌。接下来老师和小朋友的"才艺展示"更让大家拍手称赞。升国旗仪式是爱国主义教育的重要途径,也是我园绿色德育的一个缩影,一方阵地。

(2)老少同堂弘扬中华优秀传统文化。

俗话讲,远亲不如近邻。经五路幼儿园的邻居——山东省老年大学的爷爷奶奶们,更是我园的一笔宝贵财富。幼儿园和老年大学双向互动,深入合作,共同开发了一个老少童玩的德育课程。爷爷奶奶给孩子们带来了不一样的全新课堂,孩子和爷爷奶奶们一起学京剧,唱京剧,学剪纸,学绘画……老少同玩的课程,让孩子们走近了民俗与艺术,传统文化在幼儿的心灵生根,发芽。

(3)社会实践爱自然。

幼儿园六个教学班在确保安全的前提下每学期都要走出幼儿园,在社会实践中丰富着我们的课题内涵。我们整合各种社会资源,让幼儿走进社会,充分体验,比如"亲近绿色,快乐采摘""走进市图书馆之旅,书香浸润精彩童年""春天里的'帐篷节'——走进森林公园""发现植物秘密——走进泉城公园""佛慧山远足之旅""走进消防队""安全交通有我——走进市中交警支队"……在这些活动中幼儿走进、亲近了大自然,扩大了接触、认识社会的活动空间,孩子们能在社会生活中不由自主地遵守社会道德规范、文明礼仪,同时还增进了家园之间的情感相融。

(4)走进福利院爱福娃。

为了培育孩子们的爱心和增强孩子们的社会责任感,经五路幼儿园不定期地带领幼儿和家长一同走进济南市社会福利院，探望福娃们，给他们带去孩子们用自己的压岁钱购买的学习用品、玩具和食品。福利院负责老师热情接待，带孩子们参观各项功能室，感受福娃们坚强的意志和工作人员爱心与耐心。这项活动坚持了14年，我们将不忘初心，继续做下去。

（5）城乡互动，携手共趣。

结合我园帮扶的三所市中村办园和四所长清村办园，我们带领老师和部分幼儿开启了"帮扶一家亲，幸福过六一"走访活动，为孩子们送去节日的礼物，与孩子们共同游戏，一起庆祝属于孩子们的快乐节日。我们为农村孩子选择的礼物是彩虹伞。孩子们在伞下快乐地嬉戏玩耍……一会儿自由探索，一会儿集体合作，他们就像一群快乐的精灵，在彩虹伞的千变万化中体验游戏的快乐。这项活动，让城里与乡下的幼儿对彼此有了更多的了解，也在培育着孩子们互助、同乐的美德。

绿色德育之成长收获：这些"请进来、走出去"的童玩课程，将"生活性体验"与"活动性体验"相结合，多方拓展了社会资源，让各界爱心人士成为激励幼儿健康成长的强大动力，使孩子在德育教育的大情境中，充分地"以身体之，以情验之，以做学之，以思悟之"，让孩子们学会了热爱自然、感恩祖国、关爱他人，给他们的人生留下了一笔珍贵的精神财富。

［开发课程2］《魔法精灵园：行业文化进课堂》

设计意图：目前，"生涯教育"在中小学广为开展，这对于学龄前幼儿看似比较遥远，实则很有必要。经过细心观察和聆听，我们发现每一个孩子都有自己的梦想，他们在快乐的童年里也一直用自己的方式在诠释心中的梦。为了让孩子们了解各行各业，为了能让祖国的花朵在将来拥有更多的选择与幸福，我们开设了《魔法精灵园：行业文化进课堂》这一课程。

具体内容：结合孩子们年龄和需求的差异，我们的"魔法精灵园"开设有魔法乐园、魔法奇园、魔法学园、魔法花园四大体验课程。每一处魔法园都有适合孩子们的课程，每一个课程都会邀请一位"魔法教授"（小朋友的爸爸或妈妈）带领大家体验各种职业的神奇和幸福。课程每月一期，孩子们一起体验，一起成长，为精灵魔法棒积攒能量，和爸爸妈妈一起把自己所有的成长印记保存下来。经过日积月累，这些成长印记便可汇聚成"精灵魔法园"课程的专属档案。

为了更好地开展课程，"精灵魔法园"的小精灵们人手一册"精灵魔法手册"。手册记录了精彩的课程介绍，还有与小朋友息息相关的魔法规则。每次课程结束后，孩子们的精彩瞬间都将被记录下来，我们的魔法手册也会变得非常丰富。

下面是我们2018年的魔法课程的时间表：

课程	名称	时间	育人目录
魔法花园	点彩艺术	11月	美育：了解点彩艺术的美
魔法奇园	时光穿梭之老电影	12月	科学：探索老电影的光影艺术
魔法学园	魔法医院	3月	社会：了解医生的角色特点
魔法学园	魔法警校	4月	健体：体验警察的勇敢
魔法乐园	魔法邮政局	5月	交往：认识邮局这种独特的联络媒介
魔法乐园	魔法潜水营	6月	健体：体验潜水运动的乐趣

就像歌曲中所唱到的："可爱的小精灵，他们齐心协力，开动脑筋，去寻找智慧星，他们努力拼搏，梦想亮晶晶！"愿经五幼的孩子们都能乘着神圣的职业梦想，扬帆远航！

[开发课程3]《园中"园":课程园本化的探索与实施》

课程是凸显幼儿园办园理念的有力手段。多年来,我园秉承着"和谐教育——为孩子的一生发展奠基"的办园理念,引领教师挖掘各种教育资源,创造性地研究课程园本化,在十多年的探索与实践过程中,逐步形成了六个不同风格的园中"园",即民俗园、科学园、乐智园、爱心园、绿色园、快乐园。园中"园"课程,为孩子搭建了健康成长的广阔舞台,呈现出了"课程园本化"的办园特色。

1. 找准课程定位,形成课程特色。

(1)绿色园课程定位。

围绕"绿色文化,健康成长"的班本课程主题,我们制订了小、中、大三个年龄段的课程内容,为幼儿营造"人与自然""人与社会""人与人"和谐的成长空间。

小班阶段课程围绕"我是环保小卫士"的主题展开,充分利用自然生态资源,为幼儿构建"人与自然和谐相处"的成长空间。

中班阶段课程围绕"我是社会小主人"的主题展开,引导幼儿从了解身边人的职业、身份开始,丰富社会认知,学习关爱身边的人。

大班阶段课程围绕"我是自信小能手"的主题展开,充分利用同伴关系资源,引导幼儿学习、欣赏他人,悦纳自己,建立自信。

(2)民俗园课程定位。

总目标:了解民间艺术,传承民俗文化,弘扬民族精神。

小班的课程目标:以欣赏感受为主。

中班的课程目标:以丰富拓展为主。

大班的课程目标:以创造表现为主。

围绕小、中、大班不同的教学目标,教师从四个方面入手:在环境创设方面,营造民俗文化教育氛围;在传统节日方面,丰富民俗文化教育内涵;在网络资源方面,挖掘民俗文化教育精髓;在本土资源方面,发挥民俗文化教育优势。

找准定位，是班本课程形成的前提。找准定位，能清楚地找到本年龄段幼儿的发展水平，准确地制订三年的实施目标和方向。只有找准定位，才能有效地将班本课程与综合主题课程相结合，使两者共生互补，相得益彰，最终形成特色鲜明的班本课程。

2. 创设良好环境，提升课程内涵。

实践中，我们发现到环境不再是一种背景，而是课程的一部分，是课程外在表现的重要内容。创设与教育相适应的环境是课程得以深入开展的重要因素。《3~6岁儿童学习与发展指南》（以下简称《指南》）中指出，要为儿童"创设丰富的教育环境"。《幼儿教育指导纲要》（以下简称《纲要》）中也提出："环境是重要的资源，应通过环境的创设和利用，有效地促进幼儿的发展。"从这些指导性文件中足以看出，环境的创设和布置已经上升到与日常教学活动平等的地位，成为课程设计与实施的重要因素。因此，在落实《指南》和《纲要》的过程中，6个园中园的班长带领班员自主研讨并制订与班本课程相适应的环境创设方案，追求环境与幼儿的互动价值。

"爱心园"的班本课程主题是"让爱伴孩子成长"。随着班次的变化，主题墙年年更新。2016年的主题墙是"让爱伴我成长"，2017年的是"爱的旅程，快乐出发"，2018年的是"给爱翅膀，让爱飞翔"……大到主题墙，小到区域角，每一个角落都有幼儿参与的空间，在这里幼儿自己动手，参与其中，为爱而动。动态区域有"爱心小剧场""爱心绘本馆""爱心涂鸦馆""爱心梦工厂"等，为幼儿搭建了一个营造爱、展示爱的平台。此外，家长志愿者也走进"爱心园"区域，使得区域活动更具有吸引力和凝聚力，这也成为区域活动的一大特色。

在课程开展过程中，各班教师充分发挥环境育人的功能，园领导也多次组织班级之间的观摩交流活动。回顾环创走过的路，可以看到我们的环境育人已经由懵懵懂懂演变到豁然开朗，从形式多样演变到内涵丰富，在环境创设中我们一步步地成长发展着。我们发挥每一面墙壁、每一处墙角、每一样材料的教育价值，每一次区域活动的有效开展都丰富着我们的课程资源。我们已经在主题教学与班本课程相结合方面，走出了一条独具特色的创新之路。

3. 整合多方资源，拓展课程内容。

为了使课程更符合本园、本地实际，提高教师在课程园本化探索中的创造性，实现教师从关注教材转向关注身边的教育资源，园领导引领教师积极挖掘本园、本地资源，进行了深入的课堂改革，让孩子们在真实的环境中探索并钻研。这开阔了孩子们的眼界，丰富了生活经验，同时增强了他们的社会意识。

"传统节日进课堂，冬至饺子情意浓"活动，是"民俗园"的老师借助中国传统节日冬至开展的。他们邀请了孩子们的爷爷、奶奶、爸爸、妈妈来到班里，和孩子们一起动手包饺子，度过了一个暖意融融的冬至。活动中，孩子们不仅了解到冬至节日的由来，而且亲身感受到了这一节日习俗带来的浓浓亲情。社区是幼儿生活、生长的地方，社区的各种物质和文化资源也可以成为幼儿园活动的重要资源，如"正月十五闹花灯"就是老师带领孩子们走出校园，利用社区资源开展的特色活动。在观灯的过程中，老师向孩子们介绍了元宵节的来历，一起观察灯笼的颜色、形状、种类，引导孩子们亲身感受节日的喜庆气氛及祖国文化的灿烂多姿。

"走进物理实验室，探寻科学小秘密"是科学园的老师带领孩子们开展的活动。他们来到中学的物理实验室，在老师的引导下共同探讨"水"的秘密。活动的开展，满足了孩子们的好奇心，激发了他们对身边存在的科学现象进行探究的兴趣和欲望。

此外，"走进军营，体验生活""交警阿姨进课堂""文明山东，从我做起——清明祭扫烈士墓"等活动的开展，充分说明我园教师已将幼儿的学习空间进行了无限延伸，从幼儿园到家庭，从家庭到社区，从社区到大自然，每一门活动课程都有针对性，更具生命力，更贴近幼儿的生活，都融进了孩子们的亲身体验和直接感受，使知识的获得更为轻松自然。

4. 梳理进展过程，形成园本教材。

反思昨天，会让我们变得更加睿智；把握今天，会让我们变得更加充实；规划明天，会让我们的心胸变得更加开阔，目光变得更加深远。回顾走过的三年，虽然我园的园本化课程目前还存在许多不足，但是随着研究的不断深入，我们也在收获着成长的喜悦，我们孕育的朵朵"花儿"也在争相绽放！目前，"民俗园"班本化课程已经顺利结集成册，"绿色园"班本化课程也已归类汇集。我们还尝试着以点带面，将经验和做法整理、提升，形成规范化、系统化、个性化、精细化的园本课程教材，用实际行动去诠释"和谐教育——为孩子一生发展奠基"的办园理念，让每一个孩子真正成为课程的主人，在园中"园"健康快乐地成长！

二、园本教研

[园本教研1] 优质课教学活动站新位

优质课教学活动评比，是我园提高教师教学水平的有力举措之一。优质课是很多学校的保留项目，我们力求做到"传统中有突破，突破中有创新，创新中有提高"。继2016年创新课堂、共生课堂、有效课堂、信息技术整合课堂之后，我们开展了为期一周的以"让孩子站在教育的中心"为主题的优质课活动，尝试着把课堂的自主权归还给孩子们。

老师们自主报名，围绕"让孩子站在教育的中心"这一理念，自主选择教学内容，自主设计，自选班级。活动周分为六项内容：

一是"我是课堂小主人"——幼儿风采展示。

二是"我是赛课小评委"——幼儿评价。

三是现场直播——家长评价。

四是现场教研——教师及时评。

五是课后教研——专家评。

六是园本研训——共提升。

本次活动与以往不同的亮点是，孩子不但成了课堂活动的中心，还与家长一起参与到课堂评价中，使活动实现了现场教研与课后教研的结合。

1. 我是课堂小主人。

本次活动周涉及五大领域六个学科的教学活动，老师通过新颖而灵动的创新课堂设计，将孩子们推向舞台中央，孩子成了课堂的主人翁，变"要我学"为"我要学"，人人成了课堂的小主人。课堂上，孩子们天马行空地想象，积极勇敢地尝试，淋漓尽致地体现了他们活泼可爱的天性，引来老师们的阵阵赞叹；活动中，孩子们积极参加每一个游戏，开心的笑声在教室中飘荡；孩子们学会分享自己的经验，在交流和讨论中逐渐由学会转变为会学……

2. 我是赛课小评委。

除了让孩子站在课堂的中央，我们还让孩子过了一把"评委"瘾。除了市教研员专家、园领导以外，我们还在每节课后邀请幼儿一起现场参与打分、点评。"孩子们，你喜欢这节课吗？""你今天发言了吗？""这节课你最喜欢哪个游戏？"孩子们最真切的表达、最真实的感受就是对本节课最好的评价。与孩子们一起谈课后的感受，剖析孩子体验背后的原因，让老师们对"让孩子站在教育的中心"这一理念有了更深层次的思考，这个过程恰恰是活动中最精彩的呈现。

3. 现场直播——家长评价。

本次活动中，我们还结合"十三五"子课题"云直播"的研究成果，对"线上课堂"进行现场"云直播"，使家长足不出户就能在云端同步观看老师和孩子们的精彩表现。QQ群在线交流窗口被刷爆了屏，家长们激动地发表着对孩子的评价，为老师们的教育智慧点赞。

4.现场教研——教师及时评。

因为优质课评选活动参与赛课的老师人数多，评课环节一般会安排在优质课全部结束后的集中教研时间，往往会滞后几天，评课的及时性打了折扣，很多灵光乍现的好主意也有可能遗忘。因此，我们把评课环节安排在"幼儿评课"后的15分钟内，老师们趁热打铁，畅所欲言，及时高效，将教研气氛推向高潮。

马老师说："现场教研，让我第一时间听到孩子们最真实的感受，真的是太刺激了！"

陈老师说："现场教研，让我第一时间把想到的好建议马上告诉执教老师，我觉得非常有成就感！"

5.课后教研——专家评。

为了使教研活动真正走向深入，幼儿园会专门利用一天的时间邀请专家参与集中评课教研。专家评课高屋建瓴，既有理论指引，也有实践指南。老师们逐课打磨，各抒己见，踊跃点评，交流中有质疑，对话中有碰撞，思考中有梳理。这种交流不仅是对教学实践的评估与思考，也是对教学思想及理念的提升和超越。

经常参加活动的教研院张老师给出了"民主、和谐、合作、创新"的八字点评，对幼儿园的教研活动高度认可，尤其是对"幼儿评价""家长直播评价"以及幼儿园和谐的教研氛围赞赏不已，并鼓励老师们通过教研活动实现教师成长、扎实教研、品质课程的三丰收。

6.园本研训——共提升。

优质课评比是一项促使教师将教学实践和教育理论有机结合的有效举措。在接下来的园本教研中我分别从"教师发展要解决哪些问题？""园本教研要解决什么问题？"两个角度为大家做了深层次的剖析，鼓励老师们"教转向育""教转向研""教转向学"，将"关注每一个幼儿"的理念转化为教育行为，遵循"顺应—推动"的规律，引领幼儿主动探索、体验。园本研训活动贯穿着"以人为本,重视孩子操作体验"的设计理念,帮助老师开阔了视野,理清了思路,积累了经验。

"让孩子站在教育的中心——经五幼优质课活动周"顺利闭幕。我们从幼儿的眼睛望出去,看见幼儿,相信幼儿。我们相信,每一个生命会在历练成长中激情飞扬,也将义无反顾地行走在"让孩子们真正站在教育中心"的路上!

[园本教研2] 和谐的师幼关系

师幼关系是否良好,直接影响孩子的学习热情和探索欲望,关系到教育教学工作能否顺利开展、教育目标能否达成。一方面,和谐的师幼关系直接影响教师与幼儿互动的效果和质量;另一方面,我们也可以从师幼关系良好的角度反思教师在教育教学过程中自身行为的适当性与合理性,有效调整自己的教育行为,让幼儿得到主动和谐的发展。以下为"和谐的师幼关系"研究内容:

1.以团队精神为核心,学研共同促成长。

宽松和谐的师师关系,是研究新型师幼关系的根源和基础,是克服教师职业倦怠、快乐从教的润滑剂。多年来园长一直致力于打造一种团队精神,这种团队精神的精髓就是协作精神和竞争精神。这种精神也同样体现在教研组,教研组老师在工作过程中逐渐达成共识:老师们要互相帮助,彼此协作,在互惠互利的基础上才能实现个人和教研组的双赢。大家协同合作,教研组的亲和力、感召力和凝聚力也在不断增加,大家也在收获着成就感、自豪感和归属感,逐渐形成了一个真正意义上的"命运共同体"。在这个过程中,对内老师们学会了团结合作,共谋发展;对外学会了协调调度,统整资源。学研共同体的成员们充分表现出快乐共事、和谐成长的良好团队精神,教研组呈现出青春焕发、蓬勃向上的良好氛围。

（1）学习研修，"质疑"之心促研究。

一切的研究都从疑问中来，老师们敢于提出自己的想法，才能有研究的动力与基础。我们教研组通过集体教研、网络教研、专题论坛等方式开展了"学《纲要》实质，促思想转变""传统与新型师生关系研究对比分析""教育案例、课例的研究""怎样做孩子心目中的好老师""新型师幼关系课堂用语""一日活动中新型师幼关系的体现""探索构建新型师幼关系之教师的语言艺术"等各种学习研修活动。老师们在仔细学习后能及时传递信息、及时讨论、及时跟帖、及时评论，在质疑中互相启发，分享收获体会，共享集体智慧，从而促进自身教育理念的转化和落实，教研组也形成了良好的教研氛围。

（2）交流沟通，"容纳"之心构和谐。

一个团队要想保持向上的战斗力，还要有竞争意识。我们教研组逐步建立起可操作的交流展示平台，积极开展形式多样的展评、竞赛、交流活动，如"案例的现场展示""专题论坛""大手拉小手，冬季趣味运动会"等活动，为教师成功创造合理的竞争氛围。教师一旦能将师生关系扩展到师师关系，便能更自觉地发展自己的专业素养与理论素养，就如同我们在公众号平台上有了更广泛的交流与拓展空间一样，大家都能用"容纳"的心理与其他教师协作，共同营造出一种宽松、深厚、包容的教研氛围，形成和谐共进的师师关系。

（3）实践反思，"严谨"之心促提升。

一切真理都从实践而来。在园领导的倡导下，大家已经养成"工作研究化，研究工作化"的习惯，形成了严谨、细致的工作风格。工作过程中，大家注重及时记录保存好研究过程中的轨迹资料，并做到勤总结，促提升。正如荀子所言："故不积跬步，无以至千里；不积小流，无以成江海。"研究每走一步，都要及时进行总结提升，这样才能聚小流而成江海。

通过两年多的系统研究，我们主要解决了以下问题：

首先，师德放首位，重培训，重交流。

一是提出了"自主建构，资源共享，师幼互动，共同成长"的教研组文化。教研组文化是一股无形的力量，在这种文化的影响下，教研组形成了开拓进取、勤奋学习、民主开放、合作共享的教研环境和氛围，成为一个能不断从中汲取智慧和力量，感受相互支持、相互激励的温暖而舒适的"温馨家园"。

二是开展形式多样的师德培训，如"思师德、行师德、看师德、议师德""师德放首位，安全记心中""幼儿老师应注意的一百个细节""安全事故引起的反思"等培训活动。结合近期社会上出现的与幼儿教师有关的负面新闻，引导大家进行案例分析，反思自查，找到许多值得吸取的经验和教训，研究出更多更好的幼儿安全教育策略。

三是教研组在办公平台上开设了一个专题论坛，在时空上给予教研活动有效的保证，培养新教师"用研究的视角"看问题的能力与习惯，让教研组成为我们的"学习之家"。

四是培训注重日常，成长满足需求。公开课是每位幼儿教师从教生涯中不可或缺的一种经历。一节成功的公开课，可以反映幼儿教师的教学功底，奠定教师在幼儿心目中的地位，为教师今后工作的顺利开展铺平道路。上好公开课，是年轻教师的迫切心愿。为满足教师专业成长需求，教研组开展了"怎样才能上好幼儿园公开课"的培训，这些资源方便了老师交流与自主学习，成为教师专业学习与研究的宝贵财富。

其次，以研为先，促进教师的专业化发展。

课题组先后承办了"推动电子白板应用，构建精彩互动课堂""创新课堂，相融共生"优质课全园评比活动。每次活动都分为五部分：培训篇——指南展示、理念引领，研讨篇——领域研究、师徒帮带，展示篇——课堂展示、情智共生，评析篇——评析交流、对话共生，分享篇——总结妙招、提供捷径。课题研究的成果不仅辐射到本园幼儿，同时还惠及经五幼教集团的孩子，让更多的孩子共享课堂改革的成效。深入研究、步步扎实的活动形成系列，呈现螺旋上升之势，构建和谐共生的课堂促进了全园教师整体教育教学水平的不断提高。

最后，一日生活即课程，生活环节更精彩。

《纲要》明确提出，幼儿园的教育"应渗透在多种活动和一日生活的各个环节中"。幼儿教师要在无限大的生活环境中，重视幼儿良好行为习惯的培养，开展有趣的生活活动教育。为了更好地"在保育中渗透教育，在教育中坚持保育"，课题组开展了以"生活环节更精彩"为主题的一日生活环节展示活动，比如小班展示内容是餐前环节，包括喝水、如厕、盥洗；中班展示内容是早午操后环节，包括整理衣服、如厕、喝水；大班展示内容是餐后环节，包括漱口、放餐具、餐后活动组织。活动共分为三步走：第一步，每个教学班三位（老师）一体共同研究出展示方案；第二步，在落实日常一日保教细则的基础上，以更加积极认真的态度精心组织，认真准备，活动进行井然有序；第三步，召开"一日生活展示"评析会。各教学班通过自评、他评等多种形式，准确地找出了不同年龄段幼儿在生活环节中存在的十多个关键问题，对每个问题逐一进行了分析和诊断，并提出行之有效的解决方案。这项活动进一步提高了教师组织活动的技能，培养了幼儿良好的行为习惯，使幼儿园的生活教育活动更加合理有序。老师们真正地认识到"用心的程度决定幼儿在园的一日生活质量"，并积极将每个环节中潜在的、独特的教育价值开发、提炼出来，丰富了对生活环节教育价值的理论和实践的思考。

2. 以丰富活动为载体，师幼互动展风采。

和谐的师幼互动，是以丰富的活动为载体的。为了将我们研究的理论转化为自觉的教育行为，我们教研组探索出了一条特色之路：以丰富活动为载体，师幼互动展风采。为保证活动有效开展，我们将努力在活动中树立两种观念：

（1）"三同、两者"。"三同"即同玩、同乐、同展示，"两者"即做组织者和参与者。上学期由我们教研组承办的"大手拉小手——师幼互动冬季趣味运动会"，以"三同""两者"为理念，受到了老师们的肯定和家长们的欢迎。活动突破了原来老师组织、孩子参加的固有模式，老师、家长、孩子同参与，同游戏，让运动会比以往更有看点，更热闹。比如运动员入场环节，教师与幼儿共同入场，师生神采飞扬，形式耳目一新；活动环节，教师、幼儿、家长齐游戏，惊喜不断，回味无穷……活动中有了教师的参与和守护，达到了师幼共学、共乐、共提高的目的，促进了教师、家长、幼儿关系的和谐发展。

（2）"一台、两变"。"一台"即搭建一个舞台；"两变"即变成"孙悟空"，变成小孩子。在今年的艺术节活动中，我们倡导教师为每个孩子搭建展示的舞台，为每个孩子研究设计展示的形式，为孩子量身定做丰富多彩的文化艺术节活动，让幼儿成为艺术节的小主人。老师们忘记自己的形象，变身为神通广大的"孙悟空"，为孩子们搭建了一个个魔术般的舞台，让每一个孩子成为闪亮的明星；老师们忘记自己的年龄，化身为单纯的幼儿，加入孩子的队伍。教师和孩子们健康快乐的身影、家长们热情洋溢的笑脸，融汇成美妙的图画，成为孩子们一生美好幸福的回忆。由此可见，老师们变成"孙悟空"、小孩子，就会更深入地走进孩子丰富的内心世界，感受到孩子天生的无穷创造力。师幼之间自然而然地架起一座友谊的彩虹桥，知识、情感从这座彩虹桥飞入幼儿的脑海，飞进他们的心灵深处。在这样丰富多彩、趣味盎然的教研活动中，老师们的想法得以展现，个体的才华得以发挥，实践水平和理论水平取得双重提高。

课题组的深入研究，使生活环节成为全面促进幼儿生活能力提高、促进幼儿生命成长的重要环节，有效改善了生活环节的育人功效。

和谐师幼关系案例

案例1　　爱的期许是给幼儿最美的人生规划

摘要：作为幼儿教师的我们一定要重视语言的力量，重视对孩子每一个行为的评价，要学会用积极正面的语言，去评价我们的孩子，让恰当、积极的标定为孩子的成长带来源源不断的动力。

关键词：积极标定、肯定卡

人生道路上多数人都曾遇到过给予自己巨大鼓励的老师，我们往往深有感触地说："是那位老师积极肯定的一句话，触动了我的心，也改变了我。我是在朝着他给我指定的方向前进的。"这就是教育过程中积极标定作用的体现。

所谓"标定"，就是他人或社会组织给有关人员在某一方面加注的身份说明，并借此促使有关人员的行为与界定结论相一致的行为现象。

童真无瑕的幼儿，纯净的心灵如同一张白纸。我们期许的目光、肯定的话语，会引导幼儿积极主动地在这张画纸上描绘出美丽的图景。在幼儿教育过程中的积极标定，会对幼儿的成长产生积极的影响。

孩子上了幼儿园，会时刻处于老师的看护与教育中。而作为与幼儿相处时间最长的老师，时时处处都在有意或无意地给孩子在某个方面下结论（设标定）。积极的标定，如春风化雨，于润物无声中激励孩子养成良好的行为习惯；而负面的标定，有时则如同当头棒喝，挫伤一颗幼小的心灵。所以，作为幼儿教师的我们一定要重视语言的力量，重视对孩子每一个行为的评价，一定要学会用积极正面的语言去评价我们的孩子，让恰当、积极的标定为孩子的成长带来源源不断的动力。

一、善于反思，初尝积极标定的喜悦。

还记得刚参加工作时，班内有一位腼腆、不爱讲话的孩子——明明。他上课时从来不敢举手回答问题，即便被老师叫到也是扭扭捏捏，或声音很低，或不敢朝前看；他课下很少和小朋友们交流，总是一个人默默地玩耍。孩子的行为虽然引起了我的注意，但是缺少教育经验的我束手无策。一天，孩子的妈妈来幼儿园接孩子，向我问起孩子在幼儿园的表现，我就如实诉说起来：孩子很乖巧，很聪明，但是有一个习惯不太好，就是非常不自信，十分不愿意展示自己，即便是本来会做的事，会唱的歌，他都会找种种理由拒绝。正在这时孩子跑到了我们的跟前，只见这位妈妈蹲下身子对孩子说："明明，你看老师正在夸你呢！老师说你近来的进步越来越大，上课回答问题的声音越来越响亮，特别是唱歌的声音很好听，像百灵鸟一样清脆呢！"我点头附和着，这时我发现明明脸上呈现出很得意的神情。后来明明妈妈的这番话起到了意想不到的效果，慢慢地明明变得越来越自信，越来越大方了，过去那种害羞的状态一点也不见了，在幼儿园六一艺术节中他还代表班里进行了独唱展示，得到了大家的一致赞扬。明明的事例引发了我的思考：恰当的赞赏是幼儿进步、发展的催化剂，在孩子的成长过程中我们应该给予孩子积极的标定。

二、学会欣赏，利用积极标定让孩子建立自信。

"金无足赤，人无完人。"每个孩子都有自己的优点和不足，正是这些让人喜爱的优点和令人烦恼的不足，构成了一个个完整而独特的生命个体。每个幼儿都有自己与众不同的生长轨迹，作为老师，我们不能用一样的尺子去丈量每一个孩子，而是应该从鼓励、欣赏的视角去发现孩子发展的无限可能。

首先，欣赏意味着接纳、信任和赞赏，我们要在欣赏中利用积极标定让孩子体验到自我的价值感。比如，班内有一位小姑娘叫乐乐，她在活动中总是躲在其他小朋友的身后，好像一只受惊的小鹿，回答问题也喜欢重复其他小朋友的话。每当看到她这样，老师总会面带微笑地对她说："来，宝贝！你肯定有自己的想法，你的想法一定很精彩。"渐渐地，她感受到了来自老师的关注和鼓励，也慢慢有了展示自我的愿望。孩子们在这样的欣赏中建立这样的信念："我是唯一的，我就是我自己，我是不同于别人的独立的人。"

其次，在欣赏中让孩子懂得自尊，建立自信。当孩子有一点进步时，我们要满怀喜悦地欣赏他、鼓励他，维护他的自尊，建立他的自信。哪怕是她今天朗诵儿歌的声音比昨天大了些，她今天能主动地和老师谈起高兴的事情等，这些微小的进步都值得老师去发现，去鼓励。孩子的每一个细微的量变，都在积累和孕育着一个伟大的质的飞跃。而成人的欣赏和赞许，则会是孩子加速前进的动力。

三、尝试创新，发挥积极标定的大用途。

幼儿园的孩子们虽然年龄小，但往往特别在意别人对他的评价。积极、肯定的评价在一定程度上可以让幼儿找到自信与努力的方向。这学期我尝试着给孩子发"肯定卡"，没想到引来了这么大的反响。

我发"肯定卡"的初衷，一是为了随时给孩子一个积极、正确的评价，提高孩子们的荣誉感，让孩子们在鼓励中树立自信；二是让孩子们意识到只有通过努力才能得到认可，体验到成功的幸福感；三是让孩子们学会观察小伙伴的进步，从身边的榜样身上明确进步的方向。

我们的"肯定卡"就是一张小小的长方形卡纸，没有任何修饰，也不那么美观。可是它成了孩子们渴望得到的至宝。当第一天3名小朋友拿到他们的第一张"肯定卡"时，其他孩子们投出了羡慕和渴望的目光。从那以后，每天放学前孩子们都会及时提醒老师："老师，今天还没有发'肯定'卡呢！"然后就是热切地期盼老师能够喊到自己的名字。

一张小小的"肯定卡"带来了立竿见影的效果：幼儿园里孩子们互相帮助的多了，愿意为大家服务的多了，主动做值日的多了，上课积极回答问题的多了，爱护班级卫生的多了……在家里孩子们的表现也大有不同了，听听家长在网上的留言吧："那天新新得到了一张'肯定'卡，她非常高兴，我们也替她高兴。'肯定'卡的作用可真不简单，一张小小的卡片，能促使孩子更加努力，做家长的感到很欣慰，谢谢老师们！"

"好孩子都是夸出来的。"及时发现，及时表扬，充分发挥积极标定的作用，可以让孩子们在认可中体验成功的快乐，在鼓励中找到进步的方向，在渴望中形成积极向上的生活态度。

幼儿的世界是一个充满无限可能的世界，作为孩子的大朋友、大伙伴，我们须在幼儿的活动过程中学会倾听孩子的声音，解读孩子的所思、所想、所为。我们只有走进孩子的心灵，才能正确评价孩子的行为，成为他们成长的有力支持者！

案例 2　　随风潜入夜，润物细无声
——谈个别教育无痕化

教育家苏霍姆林斯基说："任何一种教育现象，孩子在其中越少感觉到教育者的意图，他的教育效果越大。"批评是对孩子某一方面过错行为的指正，是对孩子说服教育的一种手段。孩子有了过错，老师的批评教育是必要的。但是，如果批评教育时不了解实际状况，不注重策略，常用大声训斥等不当方法，结果往往是收效甚微甚至适得其反。教育应该多一些爱心，少一些简单、粗暴；应多一些和风细雨，少一些疾风骤雨。这种"无痕化"的"润物细无声"的教育对孩子来说往往是刻骨铭心的。

一、看似无痕有智慧。

在多年的教学工作中，我深深体会到教育孩子时如能讲究艺术性，运用一点小智慧，也许教育效果要好得多。一次区域游戏结束的时候，大多数小朋友都忙着整理材料，但有几位小朋友偏偏乘机"兴风作浪"，四处乱跑，乱喊乱叫，弄得教室里一片狼藉。这时我看见有一个

小朋友安静地坐在自己的座位上，我就大声对孩子们说："王老师看见洋洋已经收拾好了自己玩完的物品，安静地坐在自己的座位上了。今天她可以得到一张遵守纪律的表扬卡。"话音刚落，小朋友就都一个个赶快坐好，安安静静，不吵不闹了，教育效果相当的好。当孩子犯了错时，如果老师能心平气和地启发孩子，孩子很快就能明白你的用意，并老实承认错误，接受批评和教育。

二、看似无痕有爱心。

孩子阅历浅，分辨是非的能力弱，错误和失败是不可避免的。但从另一个角度来说，孩子又往往是在犯错误和改正错误的过程中成长、成熟起来的。作为老师，我们应当放低姿态，站在幼儿的角度考虑问题。有些错误在教师和大人眼里是错误，而在幼儿看来却是正常的。重要的是教师如何用"平视"的眼光、从幼儿的视角去看待他们眼中的世界，多去关注一下幼儿在师幼互动中的体验，多关注一下幼儿那些让人感到不可思议的表现，并去考察一下他们行为的理由，如此我们才能真正地走进幼儿的内心世界。

※ **背景**

小班幼儿年龄较小，认知水平较低，缺乏与人交往的经验，想与别人交朋友却往往不会表达，不能理解自己行为造成的后果，所以有时会做一些别人不太喜欢的事情，在集体中显得非常孤单。

※ **事件**

贝贝是个有名的机灵鬼。她活泼好动，嘴巴特别甜，但和小伙伴相处得并不融洽，每天都有小朋友告状"贝贝打人了"。在活动中，老师也发现贝贝的自制力很差，特别是在上课回答问题时没有一点儿耐心，举手后一定要回答，老师叫不到，她就会闹情绪，在座位上吵闹，影响正常的教学活动。如果老师用小红花表扬了别的小朋友，她就会小声嘟囔："这有什么了不起，我才不要呢！"课后她还会去争抢别人的小礼物，小朋友们都不喜欢她，她在集体中感到很孤单。

※ **症结**

本案例中贝贝是小班的小朋友，家里的人都对她疼爱有加，尤其是老人，对于孩子的要求都会满足，并且教育孩子凡事不能吃亏。在幼儿园里，她经常会与小朋友发生矛盾，并且运用"武力"加以解决，所以孩子们不喜欢和她做朋友。在班里，她的语言表达能力较强，情感较丰富，性格也很倔强，表现得很强势，稍有不如意，她就会使性子。上课时她也经常随意走动。幼儿园的集体生活对孩子们有限制和约束，使得她不能像在家里那样呼风唤雨，情感和需要得不到充分地满足。因此，她感到很孤单，在幼儿园时的情绪就比较不稳定。

※ **解决方法**

（一）目标：从家长、幼儿及其周围小朋友入手，共同对她进行教育帮助。

（二）设想：1.做好家长工作；2.和孩子约法三章；3.请小朋友帮忙。

（三）行动：

行动一：做好家长工作。贝贝经常打人是受家长所谓的"正当防卫"论的影响，所以老师必须先和家长取得认识上的一致。我首先和家长进行了交流，指出他们的"正当防卫"论在幼儿园是不适合的。由于他们的生理、心理特点，幼儿不可能和成人一样能用比较适合的方法解决日常生活中遇到的问题。有些幼儿只是想和别人表示友好，可是他的动作给人的感觉就像是想侵犯别人；有些幼儿不太会用语言表达自己的愿望，更多的只能依赖于动作，这容易造成其他幼儿理解上的偏差。我列举了许多在平时工作中遇到的事例，让家长非常信服地接受了我的观点。在贝贝没有耐心的问题上，我提出了许多建设性的意见，比如尽可能多地抽出时间陪孩子一起画画、看书，画画时应讲究策略，不要一次给她很多纸，鼓励她把一幅画画完整，并耐心地涂色。

行动二：和孩子约法三章。针对贝贝在活动中缺乏自制力的问题，我和她做了个小小的约定：面对老师的提问，会的话你可以举手，但不是每个问题都要回答，如果实在忍不住一定要回答这个问题，请你举左手，但一节课举左手的次数不能超过三次；如果没有经过允许你就抢着回答，就算违反了约定，不能得到小红花。贝贝听了我的话后很高兴，也很得意，觉得自己受到了极大的重视，因为老师只和她一个人做这样的约定。后面的课堂中贝贝遵守了规则，我当然也履行了自己的承诺。看到贝贝拿到小红花时高兴的模样，我也特别高兴。有了第一次的成功，贝贝信心很足，慢慢地改掉了上课不守纪律的坏毛病，自制力有了明显提高。

行动三：请小朋友帮忙。贝贝打人的问题，短时间内改正过来还真不容易。随着年龄的增长和相处时间的增多，贝贝已能初步判断小伙伴的一些动作的含义，但每当小伙伴不小心碰到她时，她还是不依不饶地还手出击。小伙伴们不愿和她交朋友，不愿和她一起玩。课下我和其他小朋友们一起讨论如何帮助贝贝，并请小朋友自己商量解决办法。有几个能力比较强、口语表达比较好的小朋友表示愿意和贝贝一起玩。我便让他们自己制订游戏规则，约定好如果在活动中被别人不小碰倒了，也不能去打别人！如果违反规定三次，就不欢迎她做游戏伙伴了。

※ **效果**

有了老师的智慧引导，有了家长的鼎力相助，有了小伙伴的监督与陪伴，贝贝打人的坏习惯也在不知不觉中得到了改正。这种无痕教育在贝贝事件中发挥了明显的效果。

三、有心无痕真教育。

从这个案例中作为教师的我们可以思考什么？获得什么呢？

1. 善于观察，走近幼儿。

教师要想切实地与孩子交朋友，解决孩子日常生活中出现的问题，就必须切实地走进孩子的世界。观察、了解幼儿是走进孩子世界的第一步。关注孩子的言行，可以让教师站在孩子的立场和角度去分析、思考问题。老师既能从中获得各种信息，又能及时掌握孩子的发展水平，这样就可以为一切问题的解决奠定一个良好的基础。

2.善于解读，分析幼儿。

孩子的行为通常具有无意性，而且很多时候孩子的行为不会伴随着语言的解释。这就需要老师凭借深厚的教育理论和实践经验去分析孩子行为的缘由，分析孩子的真正需求，在此基础上再进行教育评析。

3.教育机智，宽容幼儿。

"金无足赤，人无完人。"再好的孩子也会有不足之处，再差的孩子也会有闪光点。对孩子的评价要做到实事求是，一分为二。不要把孩子说得完美无缺，这会使家长忽视对孩子必要的管教；也不要把孩子说得一无是处，要用发展的眼光看待孩子的发展，学会讲"只要……你的孩子就会……"要多用热情感人的语言，促使家长满怀信心地进一步配合老师教育好孩子。

孩子成长离不开社会、家庭、幼儿园三大环境，幼儿教育是一个系统工程。简单地命令孩子"要这样""不许那样"是达不到教育目的的，我们应该用智慧去启迪，用爱心去感染，用心灵去召唤，似春雨般无声无息地滋润幼儿的心田。教育是心灵与心灵的靠近、灵魂与灵魂的对话、智慧与智慧的融合、生命与生命的互动。有心无痕的教育才是最美的教育。

亲爱的老师们，让我们一同用爱去发现，用爱去引领，用爱去塑造，帮助孩子在爱的无痕教育中快乐成长。

案例3　　让孩子的眼睛永远都是晴空的颜色
——游戏是每一朵小花的节日

喜爱顾城的诗。喜爱他的《我是一个任性的孩子》。

在这首诗中，顾城以一个孩子的眼光去观察和感受世界，希望用彩色蜡笔勾画出"天空中的树叶与羽毛""露水中的微笑""永远不会流泪的眼睛""地平线上小花的生日"。童真、烂漫的心灵，写下的是"在心爱的白纸上画出笨拙的自由"，是童年游戏时眼睛里那"晴空的颜色"。

可是，校园安全事故层出不穷，还有那伸向幼儿的黑手，给一双双原本清澈的眼睛蒙上了一层不解与恐惧的迷雾。于是乎，为了安全，孩子们自由、快乐、纯真、奔放的童年，已渐渐地从那四处奔跑、自在无拘的无限领地，压缩到窗子里的四角的天空。孩子们的安全有了保障，却也在一定程度上失去了本应属于他们的游戏的快乐。

游戏是体验、观察社会的方式，喜欢玩游戏是孩子的天性。户外活动的一大功能就是提高孩子的生存能力，对孩子过度保护实质上是一种伤害。我们的教育应该尊重孩子成长的需要，把游戏的权利还给孩子。

一、活动之前有教育，过程之中有干预。

首先，要为幼儿创造一个安全活动的环境，并在活动中适当调控，做到"放手不放眼，放眼不放心"。幼儿的安全是第一位的，但决不能以安全问题为借口取消孩子的正常活动，降低教育标准。作为教师，我们千万要摒弃这样的思想："少活动、少出事。"教师只有在思想上真正重视安全问题，才能时时处处做有心人，及时发现和处理各种不安全因素。

其次，良好的常规教育，稳定的幼儿情绪，不仅能保证幼儿户外活动的正常进行，保障幼儿安全，而且是幼儿园保育教育等一切活动的基础，也是让家长放心、满意的基本条件。因此，做细户外活动常规教育，保证幼儿安全，是教师的基本工作。在日常教学中我们要更加重视幼儿良好常规的培养，做到活动之前有教育，过程之中有干预。

二、授人以鱼，不如授人以渔。

常言道："授人以鱼，不如授人以渔。"千般呵护，不如自护。首先要教给孩子如何保护自己的安全，如果遇到意外情况，要把自己的危险指数降到最低。幼儿园的孩子年龄小，自我保护意识差，每次活动前的安全教育都是必不可少的。要做到"反复、适时"地提醒幼儿，使安全意识逐渐在幼儿心里扎根。幼儿园户外活动时间，是幼儿容易发生意外事故的时段。在活动前我们可以让幼儿了解游戏规则，和幼儿一起分析容易出现的危险情况，并共同讨论应该怎样玩才不会出现危险。凡事预则立，不预则废。活动前的安全教育，提高了他们的安全意识，减少了安全事故的发生。

三、用心关注，做好两个结合。

在活动中，教师应眼观六路，耳听八方，全面关注每一个孩子，及时发现周围存在的安全隐患，当发生险情或幼儿有不安全的动作时应及时指出并帮助其纠正，这样才能提高孩子的自我保护意识。

1. 个别指导和同伴影响相结合。

幼儿活动能力存在一定的差异，有的幼儿活动能力较差，在危险性强的活动中会表现出自我保护意识和能力差的问题。在日常教育教学中，教师应加强个别指导，帮助那些孩子培养安全防范意识和习惯。有时同伴的影响也是很重要的，因为幼儿乐于从发生在身边的"故事"或"事故"中学习经验和教训。这个摸索和探究的过程会增强幼儿的自我保护意识，指导幼儿今后的实践活动。

2. 表扬和纠正相结合。

对于那些能力强、善于自我保护的孩子，我们要不断表扬，从而使幼儿了解哪些项目是安全的，并在头脑中不断强化哥哥、姐姐游戏时的正确姿势和方法。对于幼儿错误的姿势要及时纠正。

"要让一片田地不长野草，最好的方法是种上庄稼。"同样，要做到让孩子真正远离伤害，就要教给孩子避免伤害的知识和方法，增强孩子的自护能力。同时，安全感的获得也来自于孩子对自我保护能力的肯定。如果孩子意识到自己是有能力保护自己的，他就会觉得周围世界是可控的，因此也是安全的。在积累了一定的成功自护经验以后，孩子对自己的自护能力就有了一个积极的评价：我是有能力保护自己的。这样的呵护方式才符合儿童发展的需要，才能给予孩子真正的安全。

幼儿安全保护工作不可缺失，这是幼儿自由快乐游戏的保障。让我们为孩子们构建起安全的天地，给孩子充分、自由的游戏空间，让每一个孩子都能"任性"地生活，让孩子的眼睛永远都是晴空的颜色。

游戏，如同春天里万物的萌动，那是每一朵小花的节日。

[园本教研3] 家园沟通之家长学校

"1+3+N"家长学校联动模式，共绘家校同心圆的实践研究

一、研究背景

济南市市中区经驿幼儿园创建于2021年9月，地处老城区，周边教育资源不均衡，调查显示，家长多为个体工作者，工作繁忙、教育意识薄弱、对幼儿关注不足是制约家庭教育水平的重要因素。对幼儿的成长，老师有一系列的规划，班本课程、园本课程、自主游戏、儿童海报等相继开发运用，亟需得到家长的理解与支持。基于客观事实和现状分析，我们认为家园共育应着力挖掘来自家庭的发展动力，提高幼儿教育整体水平。

在此背景下，我园于2021年9月着手打造家长学校，建立"1+3+N"模式，在家长学校建设、搭建互动平台、完善制度建设、落实课程建设、建立评价机制等方面不断探索，从而做到聚家、校、社会三方之力，激发幼儿的成长潜意识，多元促进幼儿成长，稳定的"三

足鼎立"之势，持续赋能家长学校，形成有温度的教育共同体。

二、关键词

家长学校、家园社、幼儿、家长。

三、研究内容

家长学校是幼儿园教育的有力助手和必要补充。家庭教育、学校教育的协调配合有利于实现各种教育作用的互补，从而加强对幼儿教育的实效性。只有加强科学管理，积极构建学校、家庭、社会协同育人的新格局，才能全面推进全环境立德树人，为幼儿的长足发展奠定基础。

（一）家长学校的工作目标。

1. 规范家长学校管理，健全家长学校机构和完善各项制度。

2. 加强家长学校师资队伍和管理队伍建设，提高家长学校授课教师的专业水平与管理人员的综合素质，提高办学水平。

3. 深入开展家长学校课题研究，围绕课题创造性地开展工作，提高教科研水平与办学效果。

4. 指导家长树立科学的育儿观念，学习和掌握科学的家庭教育知识和有效的教育方法，为幼儿健康成长营造良好的家庭教育环境。

5. 充分挖掘利用家庭、社区教育资源，充分形成家、园、社"三足鼎立"之势，全面为幼儿教育服务。

（二）家长学校的组织保障。

1. 加强组织领导。要按照"幼儿园主管、家长主体"的教育系统家教工作机制，切实担负起搞好家庭教育、办好家长学校的"主导"责任，压实幼儿园的主管责任。真正把家长学校当事业干，当追求抓。

2. 健全工作机制。建立健全家长学校工作机制，统筹家长委员会、家长志愿者、优秀家长及社会各界热心家教工作的有志之士，协助幼儿园共同办好家长学校。

3. 加大经费投入。幼儿园为家长学校活动提供必要的条件支持和经费保障，设立家长学校发展项目，积极拓展经费来源渠道，鼓励和支持社会力量按照相关政策参与家长学校工作，丰富家庭教育场地、设施和活动资源，形成幼儿园主导、社会力量支持补充的家长学校经费保障机制。严格家长通信群组信息发布管理，严禁以家长委员会名义违规收费。

4.强化督导检查。要把家长学校工作的开展情况纳入年度绩效考核进行督导检查，发现问题，及时纠正。建立评价激励机制，对在搞好家庭教育、办好家长学校及家、园、社协同育人工作中做出突出成绩的集体和个人及时给予表彰。积极动员社会资源，充分利用报刊、广播、电视和网络等媒体，广泛宣传正确的家庭教育观和优秀的家庭教育案例，为搞好家、园、社协同育人及全方位育人营造良好的社会氛围。

（三）家长学校的推进措施。

1.突出家长的主体地位，增强家庭教育的针对性。

（1）注重家长学校的规范管理。

健全管理机构。每学年成立家长委员会，进一步加强与委员们的联系，通过开展丰富多彩的活动，及时反馈家教信息，收集并反映家长对幼儿园工作的建议和意见，协调并参与幼儿园管理，进一步提高管理的实效。将家长学校工作纳入幼儿园常规工作，认真制订详细的工作计划，并扎实地组织实施，做好各类活动记载与督导小结，完善档案的收集整理。

（2）加强家长学校师资队伍和管理队伍建设。

家长学校队伍建设关系着办学水平与效益，应创造各种学习机会，提供锻炼的平台，让家长学校管理人员与骨干教师外出学习培训，开阔视野，丰富家教理论知识，并通过参与组织各种家庭教育活动，提高组织管理能力与授课水平，大胆地、创造性地开展工作。

（3）常规工作常抓不懈。

多年来我园积累了丰富的家园沟通与交流的经验，我们将继续坚持开展"五个一"家园工程，加强家长学校的建设与管理，增强与家长的互动沟通及活动的实效性，提高质量与效果。推动家长观念更新，解决家庭教育难题，提升家庭教育科学化水平。

2. 落实落细管理制度，提高家庭教育质量。

（1）抓实抓细"四落实"。园长兼任家长学校校长，对家长学校工作全面负责，探索创新领导、教师、教材、课时"四落实"新方法。

（2）开展提质增效活动。不断探索"五个一"家园工程各个环节的内涵和外延，进一步提高家长学校的办学质量。

（3）科学设置课程内容。根据3~6岁幼儿的身心发展规律和个体差异，针对家长在家庭教育中遇到的问题或困惑，引导家长依法履行家庭教育职责，系统掌握家庭教育的科学理念和方法，科学教育幼儿。

4. 营造"学习型家庭"氛围。通过推荐相关书目的方式，开展"亲子共读"活动，营造"书香家庭"。举行家长开放日活动，组织家长共同参与幼儿园或班级的有关活动，引导家长配合幼儿园共同教育孩子养成良好的学习与行为习惯。

3. 坚持不断创新发展，打造家庭教育新高地。

（1）创新探索新模式。继续提升我园已形成的全员导师制模式，探索新时代家长喜闻乐见、符合时代特征的授课新模式，打造家教高效课堂，扩大育人成果。

（2）创建家教新品牌。挖掘内部潜力，改革创新方法，顺应当前家庭教育的新形势，开展家、园、社协同育人活动和好家教、好家风活动，适时评选表彰优秀个人和家庭，推进家庭教育工作新媒体服务平台建设，为家长提供更加便捷、多元、个性化的家庭教育指导服务。

（3）全面进军"三个战场"。①巩固传统的"学校战场"。依托已有载体，开展形式多样的家长学校实践活动，促进家长学校质量的全面提升。②开辟"社区战场"。与社区结合，充分利用校外教育活动场所，协助社区发挥有家教资质人员、家长志愿者的作用，或聘请学校教师，促进社区办好各种形式的家长学校。③开辟新时代的"家庭战场"。组织有家教资质人员积极参与指导家庭教育，办好家长学校，帮助家长掌握正确的家教理念和科学的教子方法，用高尚的道德精神和价值追求为幼儿营造风清气正的成长空间。

（4）传承好家风，汇聚正能量。通过办好家长学校、提升家长的基本素质，弘扬好家教、好家风，讲好红色家风故事。让每个幼儿都享有优质的学前教育，让每个家庭都能提高幸福指数，促进家、园、社协同育人。

（四）家长学校的创新点或突破点。

济南市市中区经驿幼儿园始终把"全环境立德树人"，即家、园、社三方紧密地联系在一起，形成"三足鼎立"之势，提出"1+3+N"的家、园、社联动模式，家长学校从无到有，从有到全，从全到优，经历了一系列升华的过程，致力于促进儿童的健康乐活成长。

1. 完善管理体制——打造"规范+特色、课程+课堂、常规+创新"的家长学校办学模式。

我园不断钻研家长学校新理念、新模式，以示范引领、协同共育、创新发展为创建思路，在规划建设方面实行三步走方略：一是完善顶层设计，建立健全管理制度；二是规划全员导师辅导路径，细化工作措施；三是将师资培训、家长培训、家校互动平台、家长评价体系、家长参与决策、成立家园共育项目组等多项工作压茬推进，致力于打造全时覆盖、全员提能、全力提质、全面提升的"四全式"家长学校，摸索出"规范+特色、课程+课堂、常规+创新"的家长学校办学模式，不断创新工作方式，加大家庭教育力度，营造浓厚的家庭教育氛围，全面开展家庭教育指导工作，努力提高幼儿教育的有效度。

2. 全员导师模式——创设"全面育人+全程育人"新样态。

家长和老师的默契配合，是孩子成长中最幸福的事情。我们倡导人人争做家庭教育领域的专家，用心、用爱、用专业实现对家长的指导和帮助，使家、园共育更有效。

幼儿园组织老师认真学习儿童心理学、家庭学、儿童社会性发展等家庭教育及家、校协同育人工作的相关知识，让每位教师的家庭教育指导力实现快速提升。老师们在此过程中不断突破专业发展瓶颈，在和家长交流过程中不断碰撞，选择适合不同幼儿的成长路径，采用全员导师模式，彻底解决了家长学校"外请专家难"的难题，家长学校从输血走向造血，实现双向联动的有序循环发展。

3. 多元化课程引领——构建"一体化＋系统化＋特色化＋多元化"的课程矩阵。

家长是成年人，认知方式和学习路径不同于幼儿，其教育理念和教育需求有着很大的差异性。基于这样的群体特征，我园在进行课程规划时明确指出，课程引领需要聚焦真问题，要指向鲜活的教育实践和应用。

围绕课程内容的层次性、课程形式的多样性、课程开展的灵活性，幼儿园着力打造"爸妈学堂""家园平台""校本课程""亲子实践课程"等多元化家长课程。每学期都会组织"1+1+N"次培训，即一次专家讲座、一次班级集体授课、N次多元学习，来保证学习时间和学习效果。

目前，我园家长学校已经步入良性循环阶段，沿着常态化、规范化、科学化的轨道前行。

4. "五个一"家园工程——共绘"同心＋同向＋同行"家园共育之路。

赋能家长学校，打造有温度的教育共同体，离不开一次次走进来、破茧而出走出去，我园着力打造"五个一"家园工程，建立起家、园、社之间良性的互动关系。

一次家访：打开"家门"，让教师指导家庭教育；

一次家委会：打开"园门"，让家长助力幼儿园教育；

一次联谊：打开"心门"，让幼儿教育和家长教育走上同心圆轨道；

一次评价：打开校门，让双方实现互评互动；

一次汇报：家、园、社携手，同心、同向、同行再出发。

济南市市中区经驿幼儿园将通过济南市"泉家共成长"家长学校示范校的创建，营造幼儿、教师、家长共同生长的健康生态，激发家、园、社三位一体的协同育人活力，实现"同频共振"育人。

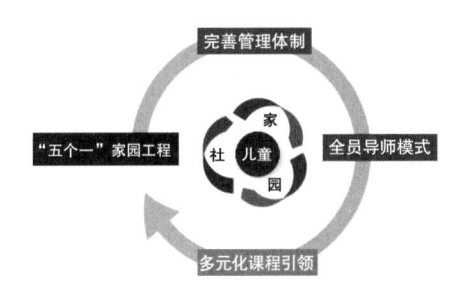

1——儿童的健康成长
3——家、园、社合作共育
N——管理体制、全员导师模式、多元化课程、"五个一"家园工程等诸多互动模式
通过"同心、同向、同行"，共绘家校同心圆。

（五）家长学校的效益分析。

我园家长学校规范办学、扎实工作，实施高效和长效管理，聚焦立德树人根本任务，相互协同协作，相向而行，同行共进，推动过程管理、阶段性反馈的落实，普及科学育儿理念，传播先进的育人知识和方法，提升家长整体素养，造福幼儿家庭，打造乐享、乐智、乐活的幼儿园教育新高地。

1. 推动家庭教育专业化的内在需求。

家长普遍有教育好子女的强烈愿望，但缺乏专业的家庭教育知识，也缺乏对家庭教育科学规律的认知。我园家长学校建立后，直接提升了片区家长的教育能力，缓解了家长的育儿焦虑，强化了家长家庭教育的主体责任，提升了家长家庭教育的胜任力。

家长学校有指导标准、实施方案和明确任务，带动家长从传统教育方法走向科学的育儿场域，获取专业的方法、措施，创造良好、和睦、文明的家庭环境，培养个性良好的现代儿童。

2. 双向互动,架起家园沟通的桥梁。

我园在"全面育人+全程育人"新样态的指导下,大力实行全员导师模式,形成家长、幼儿园和社区多主体积极参与和多边对话的关系。家长通过学习改变不恰当的教育方式,更新了育儿观念,增强了与幼儿园、老师之间的联系,同时也反向促进了教师的教育教学工作。家长和教师对幼儿的双向关注,会变成孩子成长的动力,促使孩子规范自己的行为,争取更大的进步。

以家长学校为基地,建立起家长和集团园之间的良好沟通机制,开设"家庭教育政策宣传、家庭教育和家长学校方法技能""解读《家庭教育促进法》"等内容的线下与线上相结合的课程,对教师、家长进行系统性培训;另一方面以家长委员会为纽带,通过召开家长会、家长接待日、家访等方式,畅通沟通渠道,建立友好关系,形成育人合力,也使"全环境立德树人"政策深入人心,赢得家长的理解与支持。

3. 构建"一体化+系统化+特色化+多元化"的课程矩阵,区域内专业化课程共享。

围绕家长关心的问题,指向鲜活的教育实践,体现课程内容的层次性、课程形式的多样性、课程开展的灵活性,打造"爸妈学堂""家园平台""校本课程""亲子实践课程"等N种多元化家长课程,构建有经驿特色的"一体化+系统化+特色化+多元化"课程矩阵。

在网格组、联盟组共享优质的课程资源,让家长学校有更多生发点,营造"姊妹园在一起"的情感氛围,开发幼儿园与家长交流沟通的新天地,从而搭建区域专业化课程平台,提升教师队伍整体建设水平,更新区域家长的育儿观念,从而使亲子教育更有重点、内容和水平。

4. 辐射示范,提质增效,优化学前教育质量。

家长学校丰富的教育资源,吸引大量家长参与,可以提升幼儿园的社会影响力。我园在帮扶指导网格园、联盟组园的过程中,将优秀的经验做法推荐给他们，充分发挥集团园的帮带作用，促进了区域内家庭教育均衡优质发展，受到组员的一致好评；此举推动了家庭教育的改革与创新，为社会培养更多具备现代教育观念的家长，使更多幼儿因此受益，有质量的学前教育进一步优化。

学前教育必须和社会教育、家庭教育同步进行，同步发展，相辅相成，缺少任何一个方面都会影响教育整体功能的发挥，所以我园将持续把家长学校工作落到实处，与社会教育、家庭教育相一致，协调推进，同心为儿童，同向携手共奋进，脚踏实地科学育人，不负时代使命，静待花开。

教研案例

主帖：

在案例分析交流中提高与家长交往的技巧

家园互动专题：根据自己的工作实际，以"提高与家长交往技巧"为主题，写出并交流各种案例。

跟帖：案例精选

案例一　　　　　男孩也需要美丽

一、问题的发生

班里曾经有一个小男孩，他背上有两道明显的伤痕，上面布满了扭曲的肌肉，所以这个小男孩很自卑，非常害怕脱衣服。六一儿童节的前一天，幼儿园为每个小朋友买了一件新衣服，当大家高兴地脱去身上的衣服并试穿新装的时候，他一个人偷偷地躲在角落里，用背部紧贴住墙壁，用最快的速度换上衣服，生怕别人看见他有那么可怕的缺陷。可是他背上的疤痕还是让孩子们发现了。"太可怕了！""你是怪物！""你的背好恐怖呀！"天真的孩子们无心的话语最伤人，小男孩哭着跑出教室。

二、问题的症结

这件事发生以后，我向孩子的妈妈了解情况，孩子的妈妈说起了孩子的故事："这孩子刚出生时就得了重病，手术抢救了孩子的生命，可是他的背部留下两道明显的疤痕。老师，没什么了不起的，小男孩又不用选美。"看着妈妈不在乎的表情，一旁的孩子难过得眼圈又红了。或许家长还没意识到孩子的心理因此受到了打击，我提醒道："从孩子今天的反应来看，我想这个疤痕可能成了孩子的负担，我们是不是应该想个办法帮助他？"没想到孩子的妈妈却说："老师，男子汉就是要勇敢，有疤的男孩才更像男子汉，"说着转头严厉地说，"你真娇气，如果下次再因为这件事哭我就不来接你！"孩子的眼泪在眼眶中打转，看到家长的坚决，尽管我有不同的看法，但是我还是忍住了。

反思：小时候的一场病造成了孩子的身体缺陷，家长想以此鼓励孩子勇敢面对，但由于周围孩子的无心伤害，并没有起到预想的效果。面对孩子的身体缺陷，家长想帮助孩子度过心理的这道坎，却苦于没有具体的办法，说教的言语也显得生硬、冰冷，并不能真正地融化孩子心里的冰块，卸掉孩子心里的负担。

三、问题的解决

目标：1. 改变他自卑的性格。

2. 改变家长不合适的教育方式。

3. 转变周围孩子的眼光，培养孩子的善良品质。

行动一：改变他自卑的性格，转变周围孩子的眼光，培养所有孩子的善良品质。

第二天午睡时，小男孩怯生生地躲在角落里脱下他的上衣，一个厌恶的声音尖叫起来："好恶心呀！他的背上生了两只大虫！"几个孩子马上跑到我身边比画着小男孩的背。小男孩的泪水不听话地流了下来。我慢慢走近小男孩，然后露出诧异的表情，说道："孩子们，老师以前听过一个故事，你们现在想不想听？"孩子们最爱听故事了，赶紧围上来。老师指着小男孩背上两道明显的疤痕，绘声绘色地说道："这是一个传说，每个小朋友都是天上的小天使变成的。有的天使变成小孩时，很快就把身上美丽的翅膀脱下来了；有的小天使动作比较慢，来不及脱下他的翅膀，这个时候，那个天使变成的小孩，就会在背上留下两道疤痕。""那就是天使的翅膀呀！"小朋友们指着小男孩的背部纷纷发出惊叹。"对呀！"老师脸上露出神秘的微笑。小男孩呆呆地站着，原本流泪的双眼此时此刻停止了流泪。突然欣欣天真地说："老师，我们可不可以抚摸一下小天使的翅膀？""这要问一问小天使肯不肯啊？"我微笑着向小男孩眨眨眼睛。小男孩鼓起勇气，羞怯地说："好。"欣欣轻轻地摸了摸他身上的疤痕，高兴得叫了起来："啊，我摸到了天使的翅膀了！"她这么一喊，所有的小朋友都拼命地跟着喊："我也要摸摸小天使的翅膀！"小男孩又一次流下了眼泪，只不过这一次一定是幸福的泪水。

行动二：改变家长不合适的教育方式。

当天放学时，小朋友们看到男孩的妈妈都热情地喊着："阿姨，你是小天使的妈妈！""我们今天摸到小天使的翅膀了！"男孩也兴奋得摇着妈妈的胳膊跳着喊着："妈妈，原来我是小天使，我的疤是翅膀留下的！我也是一个漂亮的孩子！"男孩的妈妈被孩子的热情弄得不知所措，眼光看向我。我笑着解释："孩子还小，可能承受不了太沉重的负担，我想可以培养孩子用最善良的心美化残缺，帮助孩子的世界变得完美，您能配合我吗？"看着男孩自豪地展示着背部，尽情地让小朋友抚摸，那疤痕仿佛变得很美很美，孩子的妈妈感动了，眼眶也禁不住湿润了："老师，您放心，我一定会按您的方式帮助他的，太感谢您了，我原以为小男孩都应该勇敢地面对残缺，现在才明白，他始终是一个四五岁的孩子，男孩也需要美丽！"

效果：在老师爱心的培养下，小朋友们学会了用善良的心去体谅、关爱别人，这个曾经自卑的小男孩也渐渐走出了自己的阴影，变得阳光起来。有一天，班上一位小姑娘得了水痘，病好后来到幼儿园，当她走进教室时，小朋友热情地围上去嘘寒问暖。细心的小朋友发现了她身上有一些很不好看的干结痂，很惊讶地问："这是什么？"这个曾经自卑的小男孩从角落里发出了声音："我听说过一个故事，海王有个最小的女儿叫美人鱼，她后来变成了真正的人，我想这一定是她的鱼鳞留下的！"小朋友高兴地欢呼起来："啊，欢迎小美人鱼回来！"多么美好的比喻啊！尽管这只是孩子一个美好的愿望和想象，在我们看来还是一个沉浸在自己的童话世界里的很牵强的比喻，在现实生活中根本不存在的事情，但是因为是从他——曾经因为疤痕受伤的孩子口中说出来，是多么让我们激动高兴啊！从他真诚的话语中，我们看到了他心态的变化，看到了他阳光灿烂的心情，看到了他原本的快乐和自信，更惊喜地看到了他将爱心、善良传递下去！

四、反思

在老师的眼里，每一个孩子都是美丽的，只要老师充满爱心，即使是身体不完美的幼儿，也会被老师祝福，健康快乐地成长！我相信，在这样爱的氛围中长大的孩子，他们会在未来的日子里将这份爱心、善良传递给身边每一个需要关怀的人，让善良改变我们周围的世界，让原本残缺的世界变得完美，这就是师爱的力量。

案例二　　记一次全部由爸爸参加的家长会

光阴似箭，转眼间孩子们已经上中班了。九月底幼儿园迎来了本学期的一次特殊的家长会，参会者全是幼儿的爸爸。

"爸爸是船，妈妈是帆，载着小小的我，驶向金色的彼岸。"周五的下午，全班小朋友的爸爸齐聚一堂，场面很是"壮观"。这是各位爸爸首次应邀参加主题为"爸爸是船，妈妈是帆"的家长会。本次家长会围绕分享收获、常规管理、育儿经验交流三方面展开。各位爸爸对家长会表现出浓厚的兴趣，积极发言，整个家长会气氛和谐、融洽。

本次家长会我们邀请幼儿爸爸参加，原因如下：一是从家庭教育的现状来看，教育子女的重任多落在幼儿妈妈的肩上，妈妈比较辛苦；二是幼儿爸爸参与少，配合少，教育不同步；三是妈妈对孩子生活琐碎之事关心多，爸爸较理性，教育孩子的思路清晰，有远见；四是爸爸普遍不重视幼儿教育，对我们幼儿园的活动缺乏了解。

这次家长会全部由爸爸参加，所有家长都十分赞同，尤其是孩子的妈妈。平时很多爸爸总是借口工作忙，和孩子在一起的时间很少，很少认真思考自己对孩子的影响和教育问题。许多爸爸是第一次以家长的身份参加家长会，会后激动万分，感触很深，他们深刻地认识到爸爸在孩子的教育中起着重要作用。这次家长会及时地为幼儿爸爸补习了这重要的一课。爸爸们不仅认识到幼儿教育的重要性和紧迫性，更认识到爸爸在孩子的成长过程中有着无可替代的作用。更难得的是，爸爸们了解到母亲对孩子的付出有多么巨大，幼儿园老师们为自己的孩子也倾注了很多心血……

家庭是社会的细胞，其中爸爸、妈妈是重要的组成部分。每个家庭又好像一艘乘风破浪航行的船，船体是爸爸，船帆是妈妈。船要想正常行驶，就要靠爸爸、妈妈一起努力，特别是爸爸的作用十分重要。我们就是要通过这次活动，让爸爸们在孩子的教育中承担起更多的责任，关注孩子的健康成长。

[园本教研4] 聚焦户外提质量

为进一步加大园本教研力度，切实提升幼儿在园的生活质量，我们结合幼儿园"地方小、人数多"的实际情况，围绕"自主性户外区域活动"这一主题开展了园本教研活动。本学期的园本教研活动按照"现状调查——聚焦问题——确定方案——实施操作——交流改进"的流程实施推进,且富有实效。教研活动提高了教师对幼儿户外游戏自主探索的认识水平,为幼儿自主探索游戏提供了充足的物质、时间和空间保障,激发了幼儿自主探索的欲望,提升了幼儿在园的生活质量。

1. 问题的确定。

我园场地不足两亩,但多年来始终发挥着"小场地大舞台"的作用。我们一直重视幼儿户外活动的组织与开展,幼儿每天户外活动的时间不少于两小时。但是基于"幼儿安全"的考虑和担忧,教师在组织幼儿户外游戏时还是有些"畏首畏尾",教师的预设和控制虽然保证了幼儿的安全,但同时也制约了孩子自主性的发展,影响了户外游戏活动的趣味性。

《指南》指出:"幼儿身心发育尚未成熟,需要成人的精心呵护和照顾,但不宜过度保护和包办代替,以免剥夺幼儿自主学习的机会,养成过于依赖的不良习惯,影响其主动性、独立性的发展。"所以,如何通过园本研究,让教师在户外活动中"放手""放心",提高教师组织游戏的有效性,提高幼儿参与游戏的自主性,以此促进教师的专业成长,促进幼儿的学习与发展,这些问题值得我们深入思考。

2. 研究的具体问题。

如何促进幼儿自主探索户外游戏的玩法,具体来说,就是结合幼儿园户外活动的实际,研究以下问题:

玩什么——材料的丰富性。

在哪儿玩——空间的拓展性。

和谁玩——打破班级、年龄的限制。

3. 研究目标。

(1)提高教师对幼儿户外游戏"自主探索"的认识水平,能够为幼儿的自主探索游戏提供充足的物质、时间和空间的保障,激发幼儿自主探索的欲望。

（2）完善幼儿户外游戏的安全保障措施。

（3）丰富教研的方法，提高研究能力和水平。

4. 研究过程。

（1）聚焦问题，确定方向。

首先我带领健康组老师成立了"自主性户外区域活动"园本教研小组，经历了四个研究过程：一是以录制视频的方式进行现状调查；二是组织研究人员一起观看现状视频，自评与互评相结合，查找问题；三是进行《指南》理论学习，查看"安吉"幼儿园户外游戏活动的照片和视频资料，开阔眼界；四是制订方案，确定方向。

（2）自制活动材料，提供时空保障。

接下来，研究组人员结合幼儿园户外活动的实际，以三个问题为切入点：玩什么——材料的丰富，在哪儿玩——空间的拓展，和谁玩——打破班级、年龄的限制。接下来我们进行了一系列活动改革：我们以班级为单位，每人制作1~2种能满足30人同时玩的户外玩具，同时研究改进户外区域的活动时间，进行户外区域活动的空间规划，确定老师的站位，设计了丰富多彩的户外区域活动。

（3）边研边思，边思边改。

研究组每周通过QQ反馈信息或组织集体讨论，随时进行互动研讨。从一个班级同时自主玩两个区域，到平行班互换区域，再到一个班级同时自主选择玩四个区域，互动研讨将园本教研层层推进，不断提升了幼儿户外活动的质量。

通过园本研究，教师努力尝试着"放手""放心"，"管住手、闭上嘴、瞪大眼、竖起耳"，于是教师身份也发生了实实在在的变化：从游戏内容的创造者变为幼儿游戏的欣赏者，从游戏计划的执行者变成游戏材料的调整者，从游戏主题的指挥者化身为幼儿兴趣的追随者。

接下来我们研究组将继续加大园本教研力度，不断提升幼儿在园的生活质量，让幼儿快乐、自主、健康地发展！

[园本教研5] 艺术节

我原来所在幼儿园——经五路幼儿园是一所有着七十多年悠久历史的省、市两级实验幼儿园，它不仅以省十佳、省十处最具办园特色的名园而闻名全国，还因拥有丰厚的校园文化而令同行羡慕和赞叹。那么，我们的校园文化有什么特色呢？今天，我向大家分享的是我们已经举办过九届的幼儿园文化艺术节。

我园的文化艺术节诞生于2004年的六一儿童节前夕。在"和谐教育，为孩子的一生发展奠基"办园理念的指导下，我们尝试以每年的六一儿童节为突破口，着力打造经典艺术节，构建并不断创新校园文化品牌，取得了巨大成功。九届特色鲜明的艺术节、42场美轮美奂的艺术盛宴，形成了鲜明的校园文化特色，构建了更加文明、和谐的校园特色品牌。

亮点一：精心策划——主题鲜明，有特色

我园举办的九届文化艺术节，可谓是届届有特色、场场出亮点，这首先得益于幼儿园统筹管理和机制的创新。艺术节的流程分为七步：

园长为首，成立团队。通过竞标、指定等形式提前确定承办人，成立园长总策划、主任总指挥、承办人总实施的艺术节团队。

设计方案，提交讨论。承办人提前设计方案并提交领导班子讨论、指导、修正，并最终确定设计方案。

传达方案，分头准备。承办人向所有教师传达方案并分头准备。

研究讨论，步步落实。承办人与部门负责人研究、讨论各个环节的细节，领导统筹调度。

艺术节开幕，有序进行。

广开渠道，积极宣传。通过各种渠道，向社会宣传，扩大影响力，并征集各种反馈信息和社会评价，总结经验，为做好下一届艺术节的各项工作奠定基础。

表彰总结，建立档案。活动结束，领导班子对艺术节进行总结并表彰，承办人整理各种过程资料，成立档案专卷，并存入幼儿园档案室。科学有序的规划、层层深入的研究，使文化艺术节不断深入发展。

九届文化艺术节，彰显出鲜明的主题特色。

第一届：学科大舞台，细品文化月。关键词：文化

2004年5月，伴随着欢快的动感舞曲，一连串的礼炮声响彻校园，我园首届文化艺术节隆重开幕，偌大的校园顿时化作沸腾的海洋。为期一个月的艺术节共有音乐才艺、语言才艺、美术才艺、健体才艺四个展示专场，每个专场都吸引着孩子们踊跃参与，孩子们的大胆表现和展示使首届文化艺术节获得圆满成功，并逐渐发展成为一种文化品牌。此后，文化艺术节渐渐深入人心，引来越来越多家长的关注与参与。

第二届：畅游学科园，义卖新亮点。关键词：义卖

2005年的艺术节规模大于上一年，活动以学科组和班级为单位，组织了健康、民俗、双语、美术、生活、音乐六个专场和一个总场的展示，历时四周。这期间，给大家留下最深印象的是当时美术专场的义卖活动。孩子们用废旧物品亲手制作的美术作品，每幅以底价一元起拍，拍卖时到处都是家长和孩子高举的手以及孩子们兴奋、自豪的表情，参与者有70多岁的老人，也有3岁孩童，就连老师也加入到了竞买的队伍！艺术节共筹得善款217.2元，全部用于为福利院的孩子购买六一节礼物。本届艺术节开创了幼儿园义卖的先河，相信一定会成为每一个小朋友成长历程中值得珍藏的记忆！

第三届：班本"多幕剧"，课程"大观园"。关键词：多样

2006年的艺术节课程班本化成果展示全面展开。文化艺术节期间，各班有各自不同的特色：小一班为科学艺术专场，中一班为生活艺术

专场,大一班为绿色文化艺术节专场,小二班为音美艺术专场,中二班为双语专场,大二班为民俗专场。各班专场上演了一场场班本课程的多幕剧,包罗万象,每个专场都集中展现了幼儿园班本课程多种样式的艺术成果,极大地释放了幼儿和教师的艺术热情。

第四届:自主我参与,快乐大家来。关键词:自主

自主是2007年文化艺术节的特点。历时13天的文化艺术节分别举办了三个专场,即"快乐购物 享受生活——购物专场""尽情游戏 欢乐无限——游戏专场""同台共舞 精彩无限——才艺专场",可谓精彩纷呈、好戏连连、惊喜不断。其中让老师和家长至今还津津乐道的一个亮点,就是"快乐购物 享受生活——购物专场"。孩子们那红红火火的自主购物景象,以及孩子们自由、快乐的笑脸,至今仍停留在人们的记忆中,挥之不去。从那时起,购物专场就成了以后各届艺术节的保留节目。

第五届:爱心献汶川,诗歌传祝福。关键词:爱心

2008年的六一儿童节不同往年。没有鲜花彩带,没有欢声笑语,有的是澎湃的爱国心潮。在举国上下开展抗震救灾活动之时,孩子们想到的是汶川地震灾区人民的困难,以及灾区的小朋友正在饱受失去亲人、住房、学校的痛苦,于是我们全体师生放弃了原本成熟的艺术节方案,举行了"尊重生命、情系灾区、爱心奉献、表达心愿"的诗歌朗诵和手工祈福活动,用最真挚的祝福为灾区人民祈祷。全园齐心协力,奉献爱心,孩子们把节省下来的零花钱捐给灾区。短短几天,全园幼儿共计捐款11 665.57元,并通过济南电视台"新闻20分"栏目组和济南市红十字会,转交给灾区的孩子们。爱心成了本届艺术节的主题。

第六届:同玩同展示,和谐师生情。关键词:和谐

2009年文化艺术节是由我园"构建新型师生关系"教研组承办的,以"同玩、同乐、同展示"为活动理念,共开展了四个分场,即

"舞动校园——集体舞专场""自主购物——游园义卖专场""动感地带——喜迎全运游戏专场",以及"艺术畅想"的六一庆祝活动总场的汇报演出,历时共四周。师幼同台展示的同乐剧场,表现出浓浓的师生情谊;师生同舞的精彩瞬间,浓缩了和谐的师幼关系,成为历届艺术节中最温馨的画面。

第七届:艺术重日常,展示看积累。关键词:日常

与往年不同的是,2010年艺术节展现的是幼儿在园日常中的艺术培养成果。艺术节以"领域学研共同体"为主办场,根据五大领域划分为五个专场,有健康领域的"器械操"比赛、社会领域的"体验馆"、科学领域的"室内外游戏"、语言领域的"诗歌会"、艺术领域的"音美剧场"。教学班的老师将各个领域的日常教学精心编排成节目或者游戏,通过艺术的表现手段进行展示。如在"音美剧场"中,大一班的老师在孩子们一学期所学的歌曲中,选择所有有关动物的歌曲,改编成音乐剧"森林里的生日聚会"。幼儿通过扮演各种动物角色演唱,展示了日常的音乐教学;通过送生日礼物环节,现场绘画、制作,展示了日常的美术教学。这些丰富而新颖的串联节目,说明教师日常教学非常扎实,提高了孩子的审美情趣和艺术修养。

第八届:快乐向前冲,超市大赢家。关键词:平安

本届艺术节由我园新型师生关系教研组承办,以"师幼同乐、平安校园"为主题,开展一个分场和一个总场的活动,即"快乐向前冲"(运动游戏专场)、"超市大赢家"(总场),为幼儿创设了与班本课程相关的轻松愉悦、自由展示的舞台,努力体现了"同玩、同乐、同展示"的理念。"超市大赢家"总场使幼儿在实践活动中获得经验,幼儿不仅尝试着自己做选择,合作购买,而且尝试通过与周围人的交流解决问题,其中的心理体验远远大于外在的活动本身。

第九届:多方齐参与,协作促共赢。关键词:协作

本届艺术节不仅为孩子们搭建了展示的舞台,而且让教师成为了

舞台的主角。六个专场师幼共同参与，展示风采。健康组教师的飒爽英姿、音乐组教师的轻盈舞姿、语言组教师的快板展示、美术组教师的折纸比赛、科学组教师的现场实验，展示了教师日常扎实的教学基本功，展示了日常教育教学的成果，让我们一次又一次充分领略了老师们的风采。家长志愿者也是本届艺术节活动中的一抹亮丽的风景，每个专场活动都能看到家长志愿者忙碌的身影，他们尽心尽力为班级服务，有效确保了班级各项活动的有序开展。幼儿园领导、教师、幼儿、家长多方参与，群力群策，贡献智慧，师幼情、师师情、家园情在活动中诠释得淋漓尽致。

亮点二：精练艺术——内容丰富，形式新

纵观九届文化艺术节，可以说体现了与时俱进、不断创新的特点。活动内容年年丰富而且与社会发展同步，艺术表现形式年年创新。从传统的相声、快板到国粹武术，从歌曲、舞蹈到亲子剧场，从书画展示到器乐小品，从游园购物到亲子游戏，从服装表演到艺术体操等等，全部为教师们的原创作品。20余种不同形式、不同内容的原创节目，展示了教师日渐成熟的文化底蕴，提升了教师的理论水平和艺术素养，营造了浓厚的节日氛围，成了孩子们丰富才艺的一次集中展示。

亮点三：同玩同乐——搭建成长新舞台

幼儿园文化艺术节日益成熟，带给我们的不仅仅是自信、快乐，还有幼儿和教师成长中的双赢。通过研究，教师们树立了两种理念：一是"三同、两者"，二是"一台、两变"。"三同"即同玩、同乐、同展示，"两者"即组织者和参与者。活动突破了原来的由老师组织、孩子参加的固有模式，改为老师、家长、孩子的共同参与，共同游戏，让活动比以往更有看点，更热闹。比如，健康周中的运动员入场由原来只是孩子参与改变为教师与幼儿共同入场，运动员们个个神采飞扬，形式耳目一新；游戏活动因为有教师的加入而惊喜不断、回味无穷……教师躬亲共守，使孩子们感受到了相亲相爱的师幼和谐关系，使师幼共学、共乐、共提高，促进了教师、家长、幼儿关系的和谐发展。二是"一台、两变"。"一台"即搭建一个舞台；"两变"即变成孙悟空，变成小孩子。为每个孩子量身定做，让每个幼儿都能成为艺术节的小主人。在这里，老师忘记自己的形象，变成神通广大的"孙悟空""美羊羊""白雪公主""奥特曼"……老师化身为孩子们最喜爱的形象，魔术般变出各种道具，搭建了一个魔术般的舞台；在这里，老师忘记自己的年纪，变成小孩子，加入到孩子的队伍，师生成为玩伴，校园成为乐园！教师和孩子们健康快乐的身影、家长们热情洋溢的笑脸融汇成美妙的图画，成为孩子们一生最美好幸福的回忆。

亮点四：精密组织——协调联动保成功

幼儿园文化艺术节，教师、幼儿、家长百分百参与，参与人多、专场场次多、演员阵容大，如何做好协调组织，这体现了我们的团队精神。园长任总指挥，主任为总调度，承办人做好总的筹备工作，各班级负责具体组织，各相关部门明确工作职责，分解工作任务，服从统一安排，且配合紧密，形成纵横交错、井然有序的工作网络。老师们不计名利，肯于付出，扎实演练，精益求精，倾力合作，组成了一个全方位、多角度的战斗集体，为每一届艺术节的成功举办都作出了巨大贡献，确保了艺术节各项活动的安全顺利进行。

经五路幼儿园文化艺术节，对于家长和孩子而言，犹如同一年一度的春晚，让人期待，让人盼望。它是欢歌笑语的海洋，是家园欢聚一堂的美好记忆，更是我们师生双赢成长的魅力舞台。愿我园文化艺术节的星星之火点燃艺术文化之原，愿艺术之花常年盛开在经五幼美丽的校园！

[园本教研6] 幼小衔接：零起点，软着陆，多方协同助成长

一、怎样理解零起点教育？

近年来，受所谓"不要让孩子输在起跑线上"宣传的影响，为了

让孩子在同龄人中能有更高的起点，学龄前儿童的父母们往往让孩子提前学数学、读拼音、念英语……由早教导致的幼儿"抢跑、抢学"已经成为一种普遍的社会现象。有些幼儿园为了迎合家长的心理，也悄悄在幼儿园中开设了拼音、口算、奥数等课程，对幼儿"抢跑"现象又进一步推波助澜。因此，国家教育行政部门要求小学坚持"国家课程标准"，不压缩教学内容，不加快教学进度，不提高教学难度，坚持"零起点"教学，并对幼儿园提出了"纠小学化倾向"的要求。

有观点认为，幼儿的大脑犹如"软盘"，具有很强的可塑性，如果过早灌输一些所谓的知识，会让"软盘"变成"硬盘"。在美国曾有幼儿园教师因为教了孩子英文字母"C"的读写方法而被家长告上法庭，家长的理由是"本来在我孩子眼里这个符号像个苹果、气球、月亮、钩子……被老师早早地这么一教之后，就什么都不是了，而只是字母'C'。过早地把儿童眼中的多样性变成唯一性，会扼杀了孩子丰富的想象力。我认为"零起点"教学这不单是对学校教育的要求，同时也是对儿童成长规律的尊重，这是一项系统工程，是社会、小学、幼儿园、家庭的共同责任！

二、幼儿园怎样实施零起点教育？

《幼儿园工作规程》中提出：幼儿园是对3周岁以上学龄前幼儿实施保育和教育的机构，所以幼儿园的主要任务是保育与教育相结合，对幼儿实施体、智、德、美诸方面全面发展的教育，促进其身心和谐发展。

我认为幼儿园所谓的"零起点"，并不是把孩子定义为一张白纸。3~6岁幼儿在进入学校之前都有非常丰富的生活体验，这些体验和经验有的体现为认知水平的提高，有的体现为情感、能力的提升，这些都构成了日后学校学习的重要基础，这是一种基于生活经验的起点。所以我们的"零起点"不是知识的准备问题，而是如何激发幼儿的学习兴趣，引发其对知识的好奇心，培养幼儿积极主动的学习态度，养成良好的学习习惯，并树立克服困难的勇气等。

推进"零起点"教学必然是一项系统工程。多年来，经五路幼儿园以幼儿发展为本，遵循幼儿的年龄和心理特点，坚持实施零起点教育，探索出了自己的经验做法，那就是"巧借多方资源，做活科学衔接"，主要做法是"三个单位""四个准备""五个阶段"。

"三个单位"指的是幼儿园、家庭和小学。因为《幼儿园教育指导纲要》明确指出：幼儿园与家庭、社区密切合作，与小学相互衔接，综合利用各种教育资源，共同为幼儿的发展创造良好的条件。因此，幼小衔接工作应由幼儿园、家庭和学校三方共同配合完成。

"四个准备"包括学习习惯准备、生活习惯准备、社交能力准备、情感和心理准备四个方面。

学习习惯的准备。培养孩子的自主学习能力，如自己整理书包、独立完成作业等。建立一定的学习规律，比如规定阅读时间、作业时间等。

生活习惯的准备。调整作息时间，使之符合小学的生活节奏，保证充足的睡眠。培养良好的饮食习惯，学会自己用餐、收拾餐具等。培养个人卫生习惯，如自己洗手、整理个人物品等。

社交能力的准备。鼓励孩子与同伴交往，提高社交技能和团队合作能力。教会孩子如何表达自己的想法和感受，以及如何倾听他人的意见。培养孩子遵守规则的意识，如排队、轮流等。

情感和心理的准备。帮助孩子理解即将发生的变化，对小学生活有一个积极的预期。通过参观小学、与小学生交流等方式，减少孩子对新环境的陌生感。培养孩子的自信心和独立性，鼓励他们面对挑战和困难。

幼小衔接不仅仅是学习知识的准备，更重要的是帮助孩子在心理、情感、社交和生活习惯等方面做好全面的准备，以便他们能够顺利地适应小学的学习和生活环境。

"五个阶段"指的是托幼衔接、小班、中班、大班、幼小衔接。

这些方法的探索，已经形成了我们独有的系列课程体系。我们的零起点教育从幼儿入园时就已经开始，贯穿整个学前教育，并且得到了家长的认可和配合。近几年来，大班下学期流失到社会上幼小衔接班的人数逐年递减，2016年只有一个幼儿。我们充分利用好幼儿在园的三年时间，培养幼儿扎实的综合能力和良好的生活、学习习惯，让幼儿不光赢在小学一年级，更赢得整个人生长跑。下面就给大家分享一下我园在"幼小衔接"这一个阶段的做法。

为了让孩子们能在幼儿园留下最烂漫、最快乐的童年时光，为了让孩子从幼儿园顺利地过渡衔接到小学，继2016年全国学前教育宣传月启动仪式成功举办后，幼儿园园长与对口小学经五路小学校长针对幼小衔接的问题专门进行了面对面的"无缝衔接"，专门组织了幼小衔接的座谈会。来自小学和幼儿园的校长、老师们坐在一起，一起畅谈，一起话"衔接"。并根据"幼小协同科学衔接"的活动主题，全面详细地制订了幼小衔接方案，即"六个一"活动："一次参观""一次家长会""一次家长开放日""一次社区宣传""一张创意毕业照""一个难忘的毕业典礼"。

活动一：一次参观——来自小学的力量

在幼儿园领导、老师的带领下，经五幼大班的70多名幼儿走进了向往已久的山东省重点小学——济南市经五路小学参观。本次活动孩子们参观了小学校园环境和部分体验场馆。科技馆、图书馆、生态馆、水井坊、花卉馆、消防体验馆、交通安全学院、3D电影体验馆，每个场馆都有一名小学老师热情讲解，让孩子们充分体验到经五路小学丰富多彩的多元课程，从孩子们或凝视或思考的专注神情中，我们看到的是孩子们绽放如花的笑颜，看到的是孩子们对知识的渴求，看到的是孩子们对小学生活的向往与憧憬！

活动二：一次家长开放日——来自幼儿园的力量

面对幼小衔接，我们幼儿园坚持"绿色教育 自然天放"的教育理念的引领下，全面实施素质教育，帮助每个孩子顺利完成过渡，愉快地进入小学的课堂。继丰富多彩的"走出去""请进来"活动后，孩子已经对进入小学有了更多的了解。为了向家长宣传科学育儿知识，纠正"小学化"倾向，广泛传播先进的学前教育理念和科学育儿知识，提升广大家长的育儿信心和能力，我们幼儿园在庆六一"经五幼第十三届文化艺术节"之际，邀请所有的家长走进幼儿园，参加开放日活动。首先我们向家长推荐宣传月的宣传视频，以教育的名义向家长发起邀请，认真地与孩子一起完整观看视频，让家长们发现一个和他们以前心中不一样的"幼小衔接"。其次，我们邀请家长在活动中踊跃承担志愿者的角色，参与到每一个活动中，让家长们全面了解6岁儿童的身心发展规律，用一个个精彩的活动、一个个成长的舞台告诉家长：我们，是这样"衔接"的。

活动三：一次家长会——来自家长的力量

继走进经五路小学参观校园及感受课堂，体验别样小学生活活动之后，幼儿园开展了"请进来"幼小衔接家长会专题活动。来自经五路小学一年级的骨干教师郭老师，与家长零距离交流，全面介绍经五路小学的"一年级体验课程"，宣传了一年级各科教学实施"零起点"教学的情况，小学在环境布置、教学形式、教学时间等方面与幼儿园做好衔接，同时还从课程设置、环境适应、心理变化等方面降低难度、减缓坡度，彻底打消了家长的后顾之忧。

几位优秀的小学生代表向小朋友讲述了美好多彩的小学生活，还亲自示范戴红领巾的步骤，并为弟弟妹妹戴上红领巾，让他们也体验了一把当少先队队员的感觉。

本次家长会非常成功，我们帮助家长更新、端正了幼小衔接观念，为孩子顺利过渡到小学做好准备。我们相信在家长有了正确的观念后，孩子们一定会更加快乐地开启小学生活。

活动四：一次进社区——来自社会的力量

济南市经五路幼儿园大班的师生、家长一起走进济南市中山公园，开展了"走进社区，宣传共育"活动，赢得了社区的支持。孩子们在家长的支持下，为公园里的社区居民发放了"关于幼小衔接致家长一封信"，向大家宣传我园幼小衔接的活动经验，以及家长的注意事项，得到了市民的一致好评。

通过宣传，很多市民了解到"幼小衔接"是孩子健康发展的一个关键阶段，适当、正确的学前教育对幼儿成长及其日后的发展起着决定性的作用，我们的实际行动让社会上更多的孩子和家庭受益！

活动五：一套创意毕业影集

幼儿园是孩子走向社会的第一个集体，幼儿园同学也是他们的第一个朋友圈。为了珍藏友谊、定格美好，我们还为每个孩子拍摄了一套创意毕业影集。孩子们组成各种形状、姿势、造型等，新颖又富有个性地留下一组组魅力萌动的创意毕业照，他们认真的姿态和可爱的表情让人捧腹，他们认真的样子丝毫不输大学生的毕业照，不仅留下独特的美好回忆，更用如此特殊的方式记录下成长的瞬间。

活动六：一个难忘的毕业典礼

夏阳正煦，情暖校园。又是一年毕业季。三年时光，匆匆而过；童年记忆，永远珍藏。经五路幼儿园里一场主题为"快乐童年 感恩有你"的毕业典礼隆重举行，经五路幼儿园的领导、全园老师与全体大班的毕业幼儿及家长们，共同见证了这一充满快乐、感动和梦想的时刻。正如典礼主题所言："感恩"之情溢满孩子们人生中的第一个毕业盛礼！唱响感恩之歌——孩子们把这份不舍和依恋，化作动听的歌声和温暖的祝福，满含深情地展示了《毕业诗》和《毕业歌》；家长代表、幼儿代表也纷纷向幼儿园领导、老师们表达着感激之情，感谢老师们三年来对孩子们的悉心培养！三年时光，是孩子们让我们心手相牵，三年时光，是孩子们让我们凝聚了深厚的家园情感！

接下来，带着幸福的微笑，踏着红毯，小朋友们快乐出发，用最饱满的热情，一起走过有着特殊意义的四个成长门。走过第一个门——幸福门，迎接孩子的是爸爸妈妈温暖的怀抱，接过父母手中的"成长祝贺信"，孩子已悄然长成了一个大孩子；接下来，孩子们和爸爸妈妈一起走过第二个门——心愿门，每个孩子的心中都藏有一个美好的愿望，在这里我们把心愿留在这面心愿墙上，愿每一个心愿都能实现；走过第三个门——感恩门，迎接孩子的是将所有爱化作陪伴的最亲最爱的老师，接过老师手中的毕业证，所有的回忆将永远伴随着孩子的成长；走过第四个门——成长门，在这里，我们和蔼可亲的园长为每一位孩子送上了一份承载着经五幼所有教师祝福的成长礼。

最后，孩子们在"梦想起飞"背景墙前，折叠出承载自己梦想的小飞机，在家长和老师的见证下，和伙伴们一起放飞梦想，一起助力启航！

这次隆重的毕业典礼，是孩子们人生的第一次毕业典礼，我们希望能在孩子心里种下快乐、感恩的种子，祝福每一个从经五路幼儿园毕业的孩子，都将有一个美好的未来！

我们关于幼小衔接的"六个一"活动持续了整个夏天，我们坚持不拔苗助长，让3~6岁的幼儿按照生命成长的自然规律自由生长，带动家长、学校和社会，用喜闻乐见的形式将幼儿园、小学、家庭、社会像纽带一样连接在一起，还孩子一个轻松快乐的童年！

我园的幼小衔接只是我们整合多方资源实施"零起点"教育的一个缩影，我们希望人生不是一场百米短跑，而是一场马拉松。我们不能为了赢一阵子，而让孩子输掉一辈子！与其让孩子们在"起跑线"处累得气喘吁吁，不如放慢脚步，给孩子最美好的童年。因此，我们坚信"零起点教育"如一个自由的舞者，身着"教育"的羽衣，伴着理想，快乐地行走在"绿色教育"间，使每个孩子都能全面发展，健康成长！

[园本教研7] 儿童海报：从1.0版传统主题墙到3.0版"n+1"儿童海报

初遇儿童海报，开启探索之旅

2023年9月，我们以王海英教授的儿童海报为抓手开展园本生活化探究课程，发现孩子的兴趣和内驱力，倾听、理解、支持儿童的真实想法，进而推动园本课程的改革。随着新理念的引入，我们不断学习、反思、研行，思维之门也随之打开，一场以儿童海报为抓手的育人环境的变革在经驿幼悄然进行着……

追随儿童足迹，研讨助力成长

（一）学习——让理念悄然改变

结合园本教研内容，我们进行了相关的主题培训，借此触发思考，凝聚共识。张宁主任围绕"何为儿童海报""儿童海报的类型"向教师们进行了较为详细的讲解，为教师们制作儿童海报指明了方向。

（二）碰撞——让思维聚焦主题

如何理解主题海报？如何实施基于儿童立场的主题海报？带着问题与思考，老师们分年级组进行了一场场头脑风暴。老师们积极发言，对儿童海报进行了"初探索"，风暴中充满了思想火花的对撞。

（三）凝练——让方向更加明晰

通过学习，老师们有了自己的"初感想"。再次教研，园长高屋建瓴地解析，为老师们提炼出关键词，老师们用图画、符号等呈现出海报制作的想法，育人理念也在悄然发生着改变。

（四）落地——让思维聚焦主题

老师们梳理了儿童海报的创设思路和策略后，接下来就进入了主题活动实操阶段。陈老师以大一班班本课程之"儿童视角的霜降"为例进行案例分析，向老师们讲解"让孩子们参与环境创设，真正做环境的主人"的现实意义。

（五）践行——让幼儿成为主角

"纸上得来终觉浅，绝知此事要躬行。"一切的设想只有落地成形才有价值。在儿童本位的主题墙理念引领下，老师们大胆放手，从幼儿的实际情况出发，让幼儿着手去创设可以"说话"的主题海报，呈现儿童本位的主题环境。

经过不断地学习—反思—研行，我们灵活调整思路，寻找儿童海报的真谛，从"教师视角"转向"儿童视角"，从教师"教学逻辑的设计"转向"儿童立场的表达"，逐渐实现"儿童教儿童"的和谐画面。我们在持续探寻儿童海报的同时，不断进行课程实践，切实回归儿童立场。这是一场解放教师、成就儿童的成长之旅，我们将继续追随儿童的脚步，用无声的环境激发幼儿有声的学习。

第三部分

教育科研，推动教育高质量发展

以课题研究作引领，是经五路幼儿园教育科研的特色；"工作研究化，研究工作化"则是我们科研兴园的关键，也是促进教师专业化发展的有效途径。扎实、高效的教育科研，让我们幼儿园收获了丰硕的研究成果，赢得了同行、社会的广泛赞誉，也为幼儿园培养了教科研的骨干力量，教师队伍的研究水平和能力得到了大幅度的提高。回顾经五路幼儿园及经驿分园的发展历史，我们深知教育科研在推动幼儿园深化教育改革、提升办学水平、促进幼儿园高质量发展方面起到重要作用。下面与大家分享我们幼儿园申报研究的几个课题实例。

一、齐鲁名师培养工程研究课题

2016年我被评为第三期"齐鲁名师"。作为齐鲁名师人选，我积极申报了研修课题"互联网＋背景下幼儿个性化成长档案记录方法的实践研究"（研修编号：JS0102），课题研究周期两年半（2016.7～2018.12），现已顺利结题。

开题报告

课题名称

互联网＋背景下运用信息技术手段记录保存幼儿成长档案的研究。

研究内容

（一）研究对象

1. 人员方面：全园一线专业技术教师（12人）及园内全体幼儿。

2.物质及技术方面：照相机、摄像机等实时记录设备的熟练操作，电脑编辑软件的运用及互联网云盘的有效利用

（二）总体框架

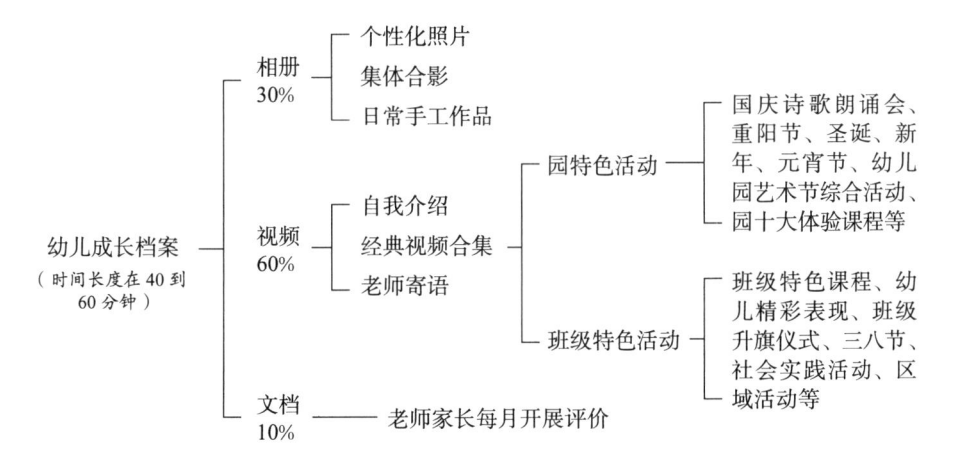

幼儿成长档案（时间长度在40到60分钟）
- 相册 30%
  - 个性化照片
  - 集体合影
  - 日常手工作品
- 视频 60%
  - 自我介绍
  - 经典视频合集
  - 老师寄语
  - 园特色活动：国庆诗歌朗诵会、重阳节、圣诞、新年、元宵节、幼儿园艺术节综合活动、园十大体验课程等
  - 班级特色活动：班级特色课程、幼儿精彩表现、班级升旗仪式、三八节、社会实践活动、区域活动等
- 文档 10%
  - 老师家长每月开展评价

（三）重点难点

研究的主要问题：怎样充分利用互联网+这个大背景，记录保存幼儿日常的成长足迹，给幼儿留下宝贵的成长档案。

研究的具体问题：

1.幼儿的日常成长足迹多久呈现一次合适？

2.幼儿成长足迹包含哪些方面？各占多少比例？

3.怎样提高教师的拍摄技术水平？

4.如何选择和使用电子相册、视频剪辑器？

5.如何融合幼儿照片、视频、文档等资料？

6.幼儿成长足迹资料怎样保存并共享给家长？

7.幼儿成长档案怎样确保幼儿信息安全？

重点：运用电子设备记录并保存幼儿一年中的精彩瞬间和特色活动。

难点：照片、视频、文档的剪辑合成以及资料的刻录、上传等。

（四）研究目标

1.在原有研究的基础上，进一步提高教师运用信息技术的能力，

达到本组全体教师都能独立运用幼儿园设备制作、整合各类材料并上传云盘的目的。

研究内容包括：制作电子相册，视频剪辑，片头、画外音、音乐的添加，幼儿发展评价下载及格式转化等。

2. 内容的优化：

（1）视频：增添班级精彩活动内容，视频记录日常化、个人化。

（2）照片：提高拍摄及修图技术，照片清晰度高，主题鲜明。

3. 通过拍摄、观察等记录活动，分析孩子的行为表现，从而较好地抓住教育的契机，提高老师记录的针对性与时效性。

（五）研究方法

1. 文献研究。在课题研究的起始阶段，查阅相关文献，研究了解国内外幼儿成长足迹记录的历史与现状。

2. 现场研究。在起始阶段，小组成员集体研究幼儿档案资料各部分内容的分配和所占的比例。

在初步建模阶段，现场实地研究怎样优化照片和录像资料，以提升各种资料的清晰度和有效度。

在课题实施中期和后期，研究各种信息化手段和软件的运用方法，剖析典型小视频的剪辑优化方法。

3. 实验研究。针对有效收集幼儿成长资料这一目的，对不同年龄班的幼儿进行跟踪观察，记录、分析并探究日常生活中的精彩瞬间，全面、动态、多元地做好幼儿评价，寻求最科学、合理、有效的资料记录方法。

4. 比较研究。教研组可以进行"幼儿精彩瞬间评比""拍摄片段解读"等活动，对比上下学期课题研究的进度，对教师技术掌握程度、信息合成程度进行比照，以便有效促进后续工作的进一步完善。

5. 行动研究。"行动研究法"是本课题采取的主要研究方法，将贯穿课题研究的始终。

在课题研究中,参与研究的教师应树立"为掌握提升信息化水平的能力而研究"的观念,做到"为行动而研究""对行动的研究""在行动中研究"。

在课题研究过程中,我们会结合实际遇到的问题,辅以其他适合的研究方式、方法。

（六）组织分工

此课题研究期间,课题组组长将带领参与研究的教师（全园一线专业技术人员）,围绕申报评审书的立项内容及要求,坚持"研究工作化,工作研究化"的思路,求真务实地将各项内容研究深入,落实到位,真正发挥"以研促教、以研促学、以研兴园"的作用。

课题组组长：王　倩

技术支持：谢　莹　陶　然

研究成员：王　雪　马肖肖　陈　楠　陈　梅　陈朝晖
　　　　　霍　莉　满士英　刘兴梅　郑　珊　娄　宁

（七）研究进度

第一阶段：启动阶段（2016.9～2017.2）

1. 主要内容：（1）在领导的帮助下,确定研究内容,找准方向。（2）了解关于此课题的研究状况,分析我园在此方面的现有基础和教师的现有水平,确定研究方案,为下面的研究打好基础。（3）提高拍摄及修复技术,提高照片、视频的清晰度和有效度。

2. 措施：（1）明确研究内容方向。（2）分析课题的现状,找出发展点,制订子课题方案。（3）充分利用组内研究探讨的形式,以拍照片为切入点,引导老师们不断学习,不断总结,优化照片质量。

第二阶段：实施阶段（2017.3～2018.7）

1. 主要内容：（1）通过培训、组内研究、班内研讨、自己摸索等形式,学习剪辑机的使用方法,能编辑视频、制作电子相册。（2）通过教研,提高照相技术,完善照片质量。（3）初步探索,不依靠外界力量，自己独立剪辑视频，合成片头、片尾视频和音乐等。

2. 措施：（1）采用"请进来，走出去的形式"，请专业人员进行培训，掌握拍摄的技能技巧和影片后期编辑制作的方法。（2）加强学习，熟练运用信息技术，这是保证研究顺利开展的前提。学习目标明确，利用各种学习机会，掌握相关知识。认真参加我园的教科研活动。（3）各班根据自己的实际情况拿出具体方案，保证研究的顺利进行。

第三阶段：总结阶段（2018.8～2019.2）

1. 主要内容：（1）学习制作片头，申请云盘，学习平台中幼儿发展评价下载及格式转化。继续探索画外音、音乐、刻制等技术，提高影片后期制作的能力。（2）对研究过程和研究资料进行回顾、提炼和整理。（3）对研究过程中设计的各种札记、研究论文、音像资料等进行系统的归纳整理。

2. 措施：（1）组内自主研究与对外学习相结合，针对光盘后期制作中各种问题进行学习。（2）勤思勤记，能写出水平较高的论文或札记，不断提高研究力度和研究水平。

创新之处

1. 学术思想。当代社会是信息飞速发展的时代，数码照相机、数码摄像机、电脑、互联网等应有尽有。我们可以利用信息技术来建立幼儿成长档案，将一些宝贵的影像记录下来。一方面，个性化成长档案可以为幼儿留下珍贵的影像资料，使幼儿成长档案更加鲜活与生动，为幼儿珍存美好的童年记忆；另一方面这些影像资料也是教师观察幼儿、促进教研的一手资料，老师们在观察中反思，在制作过程中渗透着爱意，在研究的过程中有效地促进了自身的专业化发展。

2. 内容丰富。现今很多幼儿园都在做幼儿成长档案，但书面的东西比较多，动态化的内容也比较单一、零散。我们的"幼儿成长档案"在内容上力求做到个性化、精细化、丰富化。

（1）照片：幼儿个体、集体、日常手工。（2）影像：自我介绍、精彩课堂、特色活动、教师寄语。（3）文档：家长教师每月对幼儿的评价。（4）保存与共享上的创新。

人员上的调整：以点带面，全面发展。

经过前期"十二五"课题的研究，本组教师在制作光盘方面已经掌握了基本的技能与方法。本次研究采用以点带面、全面铺开的策略，力争园内12名一线专业技术教师全部熟练掌握运用数码设备独立编辑、制作光盘的技术，以更加适应省远程研修"互联网+教师专业发展"的要求。

呈现方式多元化：利用光盘和云盘共享两种方式呈现。

借助"互联网+研究"这一平台，以云盘为载体，全园每个班级每学年都为每名幼儿上传一份集视频、照片、文字、发展评价于一体的档案资料。资料上传至云平台，方便成果的保存与共享。

工作研究化：教师信息技术水平及教学能力在日常工作研究化过程中获得提升。

（1）通过拍摄、观察等记录活动，分析孩子的行为表现，从而较好地抓住教育的契机，提高老师工作的针对性与时效性。（2）通过研究，促进教师信息技术水平逐渐提高，对摄像机、照相机等信息技术手段有更高的运用能力。（3）掌握档案记录所需要的编辑软件、上传云盘等技术。

预期成果

1.《课题研究报告》。

2.积极撰写互联网应用下教师在线网络教研的优秀案例。

3.积极组织园内教师参加《教师优秀论文集》的撰写。

4.将云盘中幼儿成长档案的资料转换成光盘资料，以便保存和上交。

成果材料

成长的印记
——幼儿个性化成长档案记录方法的实践研究

摘要：以信息技术作为辅助手段，生成"幼儿个性化成长档案"，实时进行数据分析，达到促进每个幼儿成长、促进教师专业发展、促进课程本身发展的目的。

关键词：个性化记录、多元化评价、成长与发展

运用幼儿成长档案，记录、分析幼儿日常的精彩瞬间，促进每个幼个性化全面发展。这是提高教育质量的必要手段。为了让档案的记录更具个性化、全面化，保存更具实时性、长期性，评价更加有效、适宜，为了有利于调整和改进师幼的教育学习行为，经多方论证，我们开展了"互联网+背景下幼儿个性化成长档案记录方法的实践研究"。本项研究是以信息技术作为辅助手段，收集幼儿在一定时段内生活、学习、发展变化等方面的真实材料，并能够根据幼儿的个体差异进行不同形式的记录，最后将这些记录制作成影像资料，用作进一步了解幼儿、优化教学、深化教研的实践研究。

一、秉承办园理念，遵循成长规律

多年来，经五路幼儿园秉承"和谐教育——为孩子的一生发展奠基"的办园理念，遵循儿童成长规律，以"关注每一个幼儿、玩好每一个游戏、经历每一种体验、记录每一刻精彩"为目标，形成了"用爱养育、用心教育"的生态育人氛围，促进了孩子的健康成长。

在具体实施过程中，我们认真观察幼儿学习、生活的过程，关注幼儿的情感、兴趣、爱好、意志、学习态度等方面的发展，并及时记

录、反思、评价，在促进幼儿发展的同时，也有效促进了教师的专业化成长，为家园共育工作提供了有效的平台。

二、多角度建立档案，记录幼儿成长足迹

（一）个性化档案的内容、维度

维度一：身体成长

包含内容	数据分析	研究意义
生长发育资料	年度生长发育曲线图	关注生长发育规律，及时调整、干预

维度二：行为习惯（学习习惯和生活习惯）

学习习惯：

包含内容	数据分析	研究意义
专注力：教育教学活动	根据观察前和观察后的分析进行柱形图比对，分析一定时间内幼儿的学习品质、学习习惯的发展变化	根据幼儿兴趣及时调整教学策略
语言表达：自我介绍、交流等		语言表达是否符合此年龄标准，提升幼儿自信心，给予展示机会
读书习惯：阅读时间、种类		了解阅读时间长度变化、数量种类的变化
动手操作：手工作品等		1. 幼儿自身发展 2. 教师开展活动的丰富性、创新性

生活习惯：

包含内容	数据分析	研究意义
交往能力：日常、区域中	利用调查问卷每学年开始前后进行调查分析	1. 明确目的，鼓励培养 2. 关注细小，游戏养成 3. 教师表率，家园共育
自我服务：值日、劳动等		
品德教育：关爱、分享等		

（二）幼儿个性化成长档案的总体框架

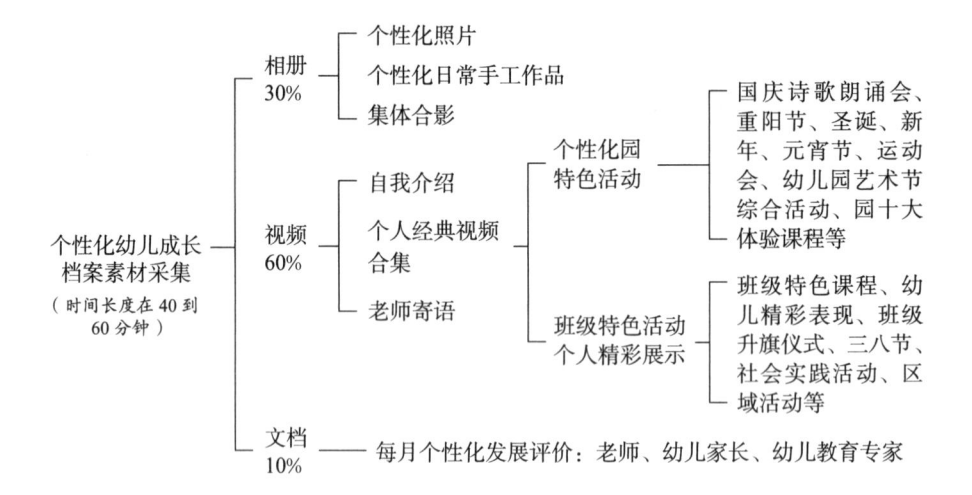

个性化幼儿成长档案素材采集（时间长度在40到60分钟）
- 相册 30%
  - 个性化照片
  - 个性化日常手工作品
  - 集体合影
- 视频 60%
  - 自我介绍
  - 个人经典视频合集
    - 个性化园特色活动：国庆诗歌朗诵会、重阳节、圣诞、新年、元宵节、运动会、幼儿园艺术节综合活动、园十大体验课程等
    - 班级特色活动个人精彩展示：班级特色课程、幼儿精彩表现、班级升旗仪式、三八节、社会实践活动、区域活动等
  - 老师寄语
- 文档 10%——每月个性化发展评价：老师、幼儿家长、幼儿教育专家

（三）个性化生活素材采集的具体实施

1.收集幼儿生长发育的资料，记录幼儿的成长。

协助保健大夫收集幼儿生长发育的材料，材料主要反映幼儿身体各方面的生长发育情况，如身高、体重、视力、牙齿、血色素等常规检查指数。

2.实时收集精彩的个性化照片，汇集成"我的相册"。

（1）使用记录表格，进行细化管理。

我们设计了《拍摄记录表》，这一张小小的记录表历时一学年才逐步走向成熟。使用记录表的过程中，我们力求做到专人负责，计划追踪；针对有效，杜绝盲目。

经过长时间的实践，我们用记录表记录下幼儿成长的轨迹。老师们撰写出拍摄心得，一致认为《拍摄记录表》的使用为我们的工作提供了方便，而不是带来负担。自从有意识地拿起相机的那个时刻起，大家就开始更加细心地关注孩子的生活点滴了：他们会自己吃饭吗？他们的午休状态如何？如何与伙伴交流？如何嬉戏玩耍？怎样认真看书？……面对幼儿的这些日常游戏、学习场景，老师们更多了一份细心的观察与情感的倾注。

（2）抓住教育契机，用爱心与慧眼捕捉精彩瞬间。

观察是人们认识世界的一种方法。在幼儿园里，观察是教师获得个体和群体信息的主要途径。想要捕捉幼儿在园的精彩瞬间，想要透过相机这个"大眼睛"关注幼儿的寻常时刻，教师要有一颗爱心、一双慧眼，带着爱与期许的眼光去观察孩子。教师要切身地走近孩子，与孩子交朋友，关注他们的言行，这样可以让自己站在孩子的立场和角度去分析、思考问题。这样既能从中获得各种信息，又能及时了解并掌握孩子的发展水平。面对这样一群每天都在变化着的孩子，用心去观察，你就会惊喜地发现：孩子不仅仅是一个有能力的学习者，更是一个有能力的思考者、思想者！他们有自己分析事物的逻辑，有独特的解决问题的方式。

但孩子们的寻常时刻并没有固定的时间和空间，这对老师收集资料是一个考验。因此，眼中时时有孩子、时时关注幼儿的行为，随时记录精彩个性化时刻，这是我们课题研究中的一个关键要素。我们把拍摄分为集体活动、自主游戏、成功、失败、高兴、分享等瞬间，让记录更全面。

（3）研究中反思，反思中前行。

老师们拿起照相机，当按下快门的那一刹那，我们的内心是欣喜的、震撼的。在这个过程中，我们开始站在孩子的角度去分享他们的乐趣，体验幼儿的天真：孩子们在交流什么？他们对什么感兴趣？他们是怎么评价事物的？……这样的观察不仅让我们找到了什么是精彩瞬间，更激发着我们进一步了解孩子，用心解读孩子的热情。

孩子的行为有时具有随意性，而且不会与语言表达同步。观察孩子的行为，了解孩子的行为表达，借此来解读幼儿成长期的心理与规律，便是摆在我们面前的课题。所以，老师要凭借深厚的教育理论和实践经验去分析，去引导。准确的分析、恰切的引导，会使成长的快乐与教育的智慧同时生发。

研究孩子们的成长过程及规律，在研究中反思，在反思中前行。这凝聚着智慧与爱心的采集过程，不但把孩子们的精彩瞬间展示给了我们，还给我们带来了一个观察孩子的全新视角。这里有精彩的瞬间，有关注的目光，有教学相长的共同进步，也有教学案例的交流共享。在每一学期，老师们会把这些精彩瞬间的案例进行梳理汇总，交流分享。这已经成为我们教学研究的常规工作。

3. 不断实践总结，提高摄像技巧；捕捉精彩瞬间，汇成精彩视频。

（1）技术层面：熟练使用摄像器材，并能熟练地对视频进行编辑，对于幼儿老师来说是一个不小的难题。

在摄像方面，怎样找准最佳拍摄角度？大小光圈会有怎样的拍摄效果？怎样使用远近镜头使记录更有艺术效果？在视频编辑方面，我们一方面录制剪辑，一方面探索各类媒体手段的综合使用，像电子相册、片头、字幕、画外音、音乐、刻制等等。

（2）内容方面：主要是收集幼儿个性化的精彩视频资料，可以记录孩子取得的进步，也可以是孩子在日常活动和成长过程中的一些典型事例。动态、生动、全面地反映幼儿的各类表现，通过这些资料观察幼儿的喜好、认知发展、智力发展和社会性的发展。通过现场实地研究，有针对性地记录每位幼儿集体活动和自由活动中约束和非约束的各种行为。

4. 开展丰富活动，注重保存日常活动中孩子们的精彩作品。

开展富有创意的活动，活动中注意收集孩子们日常活动中的作品。利用照片或录像进行保存，以便于幼儿、家长、老师根据幼儿不同阶段的表现进行比较。我们运用了两种方式进行保存呈现：一是借助于家园通平台，每月上传幼儿的作品，便于保存；二是利用电子相册，每学期整理幼儿各类作品集锦，便于展示分析。

三、聚焦幼儿个体发展档案，发挥评价功能的多元化

（一）理论支持与研究目的

《幼儿园教育指导纲要》将幼儿园教育评价的功能界定为：教育评价是幼儿园教育工作的重要组成部分，是了解教育的适宜性、有效性，调整和改进工作，促进每一个幼儿发展，提高教育质量的必要手段。《纲要》还指出：评价的过程是分析、研究、解决问题的过程，也是自我成长的重要途径。

基于此，我们确定了通过个性化成长档案的内容记录，实时进行数据分析，从而促进每个幼儿发展、促进教师成长、促进课程发展的目的。

（二）评价方向：评价分析由单一评价走向多元评价

1. 展示性评价。

在幼儿档案中为孩子提供了展示的"舞台"，鼓励幼儿充分展示自己的努力和成功。

2. 调节性评价。

评价中充分发挥幼儿的主观能动性，鼓励幼儿参与评价活动，在自然真实的评价中进行成长。

（1）教师在记录过程中进行反思、发现，提升教育的针对性、有效性。

（2）借助家园通平台的月评价，阶段性了解幼儿近期学习、生活等方面的发展变化，做出正确的评价与引导。

（3）针对幼儿的阶段性体检，了解孩子的生长变化规律及出现的个别问题，以便老师及时关注，做出干预和帮助。

3. 导向性评价。

评价不再是从个别典型的活动中获得，而是依据幼儿的实际发展水平，通过长期的观察、记录和积累，从积极、肯定、向上的角度来评价，促使幼儿为成为那个优秀的自我而努力。

借助幼儿园网络平台及家园联系册，每月进行一次评价分析，使终结性评价和形成性评价结合起来，也保证了评价的准确性。教师和家长可以及时掌握孩子的发展状况，更好地改进实施教育计划，因材施教。

我们在研究的过程中坚持"研究工作化，工作研究化"的思路，求真务实地把各项内容做到研究深入、落实到位，希望"幼儿个性化成长档案记录"能切实促进幼儿成长，优化教学，深化教研。

二、"十四五"课题

2023年，经五路幼儿园经驿分园积极申报中国学前教育学会课题，已成功立项、开题，课题现处于深入研究阶段。

开题报告

课题名称： 优秀传统文化融合乐活课程的理论与实践研究

一、选题依据

（一）选题背景、意义

随着经济、文化全球化的到来，各国文化交流不断加深，文化在国际政治交往和经贸往来中的作用日益突显。为提升我国文化软实力，我们需要从中华优秀传统文化中汲取养分。2017年中共中央办公厅、国务院办公厅印发了《关于实施中华优秀传统文化传承发展工程的意见》（以下简称《意见》），提出"全面复兴传统文化"的重大决策，要求把中华优秀传统文化全方位融入教育各环节，贯穿于包括启蒙教育在内的教育各学段，以幼儿园、小学、中学教材为重点，构建中华文化课程和教材体系，编写中华文化幼儿读物，创作系列绘本、童谣、儿歌、动画等，这在国家政策层面明确了幼儿园具有开展中华传统文化教育的责任。2022年7月，习近平主席在新疆考察时的讲话中提到：

"中华优秀传统文化教育抓早抓小、久久为功、潜移默化、耳濡目染，有利于夯实传承中华优秀传统文化的根基。"他在谈到对待中国传统文化的态度时指出："要处理好继承和创造性发展的关系，重点做好创造性转化和创新性发展。"

随着我国教育的巨大变革与快速发展，在学前教育走向现代化的同时，中华民族的一些优秀传统文化教育观念及方法论逐渐被淡化，传统文化课程资源在幼儿园中也逐渐地"边缘化"，幼儿对本民族的优秀传统文化和传统礼仪知之甚少。在弘扬中华优秀传统文化上，我们幼儿园有着厚重的积淀和良好的传承。经驿幼儿园传承了济南市经五路幼儿园70余年的优良传统，厚培传统文化沃土，涵养传统文化血脉，倡导幼儿学习传统文化知识，践行传统文化礼仪。

（二）已有研究现状述评

习近平主席提出："高度重视中华优秀传统文化的传承发展，始终从中华民族最深沉精神追求的深度看待优秀传统文化，从国家战略资源的高度继承优秀传统文化，从推动中华民族现代化进程的角度创新发展优秀传统文化，使之成为实现'两个一百年'奋斗目标和中华民族伟大复兴中国梦的根本性力量。"

在"十四五"课题中，我们将"如何更好地让儿童在游戏和生活中感受到中国传统文化的博大精深"作为我们的研究方向，对于传统文化去粗取精、去伪存真，基于儿童立场，秉承"乐活"教育理念，以"乐"为儿童活动的根本目的，以"活"为教育课程的中轴线，从"生活经验、生活技能、生活态度、生活精神"入手，把"乐"与"活"的精神实质引入到幼儿园课程建设中。

经驿幼儿园是一所新建园，将传统文化融入幼儿园教育的过程并不顺利，我们面临着一些亟需解决的问题：

一是如何选择适合幼儿园学段的中华优秀传统文化？选择的传统文化元素在内容上存在"偏而不全""宽而不优""虚而不实"等问题；

偏重文化知识传承，忽视精神层面的文化修养传承；内容选择主观性、随意性强，缺乏理性的标准和规律性思考；文化传承的形式流于"读经"等表面化、形式化样态，难以对幼儿产生文化吸引力。

二是如何将传统文化进行现代化转化？中华优秀传统文化的不少内容是成人化、理性化的，但幼儿的思维是具体的、形象的，两者之间不可避免地存在内在冲突。因此，如何将传统文化的内容进行现代化转换，更好地符合幼儿的认知规律、学习兴趣和需求，是幼儿园传统文化教育的一个亟待解决的问题。

三是如何创造性地组织实施幼儿园优秀传统文化教育？传统文化教育以幼儿单向接受为主，缺乏对幼儿反思和创新意识的培养。实践行动碎片化、浅表化，实践经验缺乏科学性、系统性，难以形成高品质、可复制的优秀经验，难以进行更大范围的推广和示范引领。

二、研究内容

（一）研究目标

1. 挖掘适合3～6岁儿童的优秀传统文化。将传统文化与乐活教育有机融合，对幼儿进行文化启蒙，提升幼儿综合素质，培养"爱生活、会生活、知传统、扬美德"的"四有好儿童"。

2. 构建适宜幼儿园开展传统文化教育的内容体系。将抽象的传统文化知识转换为儿童可感知和实践的乐活课程内容，积极探索、建构多感官参与的"浸润式"学习路径，让幼儿园课程逐步"生活化""游戏化"。

3. 生成幼儿园传统文化教育的活动路径和课程资源。根据学前幼儿独特的学习方式、语言、思维等特点，在活动中帮助幼儿传承精神血脉和文化素养，建立文化自信。

（二）研究内容

子课题一：传统民间游戏与乐活教育有机融合的实践研究。

研究内容：将传统游戏、民俗文化融入幼儿一日生活，激发幼儿玩乐的兴趣。引导幼儿乐于以物代物，探索新的游戏方式，在实践过程中以点带面，形成"乐活民游"的新局面。通过自主探索、表征、再实践创新的游戏模式，丰富传统民游资源，把传统民游资源与传统民俗文化、室内外自主游戏、主题活动融为一体，构建具有园本特色的游戏课程体系，从而提升教师组织开展指导游戏的能力，培育知传统的乐活儿童。

子课题二：中华经典诵读与乐活教育有机融合的实践研究。

研究内容：本课题尝试运用多元化、趣味化、互动化的手段，将诵读经典活动融入一日生活中，结合幼儿的兴趣和年龄特点，引导幼儿以自主说、唱、画、演等个性化方式呈现经典。教师在观察、记录、分析中不断丰富教育方法，进而总结经验与应用策略。

子课题三：二十四节气、食育与乐活教育有机融合的实践研究。

研究内容：依托二十四节气中传统文化和饮食习俗的内容，设计符合幼儿兴趣、需要的食育活动，建立起与自然、家庭紧密联结的、具有广阔视角的"乐生活"教育课程体系。在活动中，以"环境渗透、实践体验、家园协同"为途径，有效融合教学活动、游戏活动、生活活动，让孩子在活动中体验二十四节气的变更所带来的饮食变化的同时，享受劳动的快乐，体验传统文化的魅力。

子课题四：传统文化视角下自然课程与乐活教育有机融合的实践研究。

研究内容：以"春夏秋冬"为主线，依据时令变化，从幼儿真实可感的生活中选取元素，从而形成幼儿感兴趣的主题活动。在"春种、夏长、秋收、冬藏"等自然规律的变化中，引导幼儿观察、探索、感悟蕴藏在大自然中的传统文化和自然知识，让每位幼儿都投入到大自然、大生活、大社会的怀抱，在自然中学习、体验与成长。

子课题五：传统润心育德与乐活教育有机融合的实践研究。

研究内容：从日常生活中的礼仪、好习惯、好品格入手，利用传统节日、入离园、就餐、生活常规等环节，引领幼儿学习幼儿园礼仪、家庭礼仪、公共场合礼仪等基本礼仪，养成好习惯，铸造好品格。传统润心育德与乐活教育的有机融合，有助于新时代儿童扣好人生的第一粒扣子。

三、思路方法

（一）研究思路

本研究将坚持问题导向，从优秀传统文化、幼儿生活经验和认知规律几个方面思考，挖掘并筛选出适宜的传统文化资源来构建乐活课程内容。打开思路，打开幼儿园大门，充分利用社会资源，大处着眼，小处着手，聚焦传统文化探索点；借助园级传统文化节日主题活动，创设体验活动氛围和环境，以探究性活动方式实施传统文化教育活动；培养幼儿和乐共处的优良品质；打造"乐活"教师团队，充分利用家长资源，增强教师课程管理的主体意识与课程开发的能力。

（二）研究方法

1.案例分析法。结合优秀传统文化融入幼儿园乐活课程的相关案例素材，对其进行深层次的整理、分析和提炼，以便更好地支持幼儿文化自信心理的养成，更好地分析教师介入指导行为的适宜性。

2.文献检索法。通过整理、分析国内外相关的文献资料，掌握已有优秀传统文化的理论基础与实践经验，为培育乐活儿童奠定理论基础，及时更新教育理念，保证课题顺利开展。

3.行动研究法。及时发现优秀传统文化融入幼儿园乐活课程出现的问题，开展理论探讨、制订计划、设立假说、实施行动、观察行动、反思效果等环节的研讨，进而撰写研究报告，该方法将贯穿课题研究的始终。

（三）技术路线

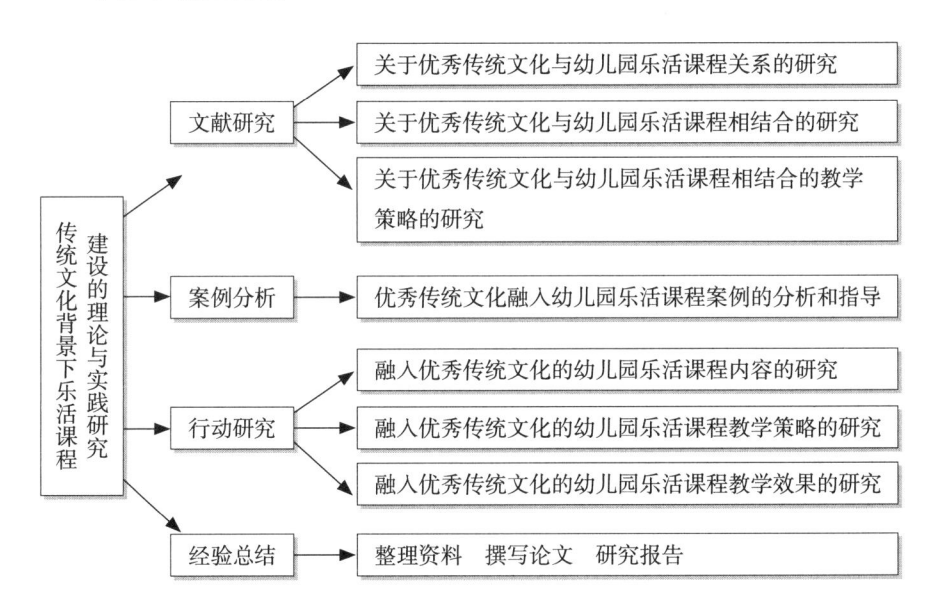

传统文化背景下乐活课程建设的理论与实践研究
- 文献研究
  - 关于优秀传统文化与幼儿园乐活课程关系的研究
  - 关于优秀传统文化与幼儿园乐活课程相结合的研究
  - 关于优秀传统文化与幼儿园乐活课程相结合的教学策略的研究
- 案例分析
  - 优秀传统文化融入幼儿园乐活课程案例的分析和指导
- 行动研究
  - 融入优秀传统文化的幼儿园乐活课程内容的研究
  - 融入优秀传统文化的幼儿园乐活课程教学策略的研究
  - 融入优秀传统文化的幼儿园乐活课程教学效果的研究
- 经验总结
  - 整理资料　撰写论文　研究报告

1. 理论框架。

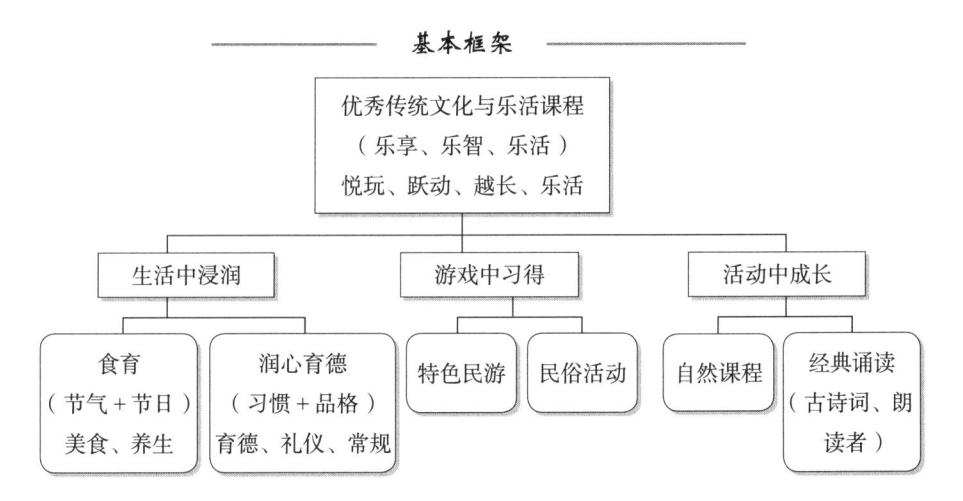

基本框架

优秀传统文化与乐活课程（乐享、乐智、乐活）悦玩、跃动、越长、乐活

- 生活中浸润
  - 食育（节气+节日）美食、养生
  - 润心育德（习惯+品格）育德、礼仪、常规
- 游戏中习得
  - 特色民游
  - 民俗活动
- 活动中成长
  - 自然课程
  - 经典诵读（古诗词、朗读者）

2. 角度创新。

启蒙教育是中国教育体系的起步阶段，一定程度上决定着中国教育"培养什么人""为谁培养人"和"如何培养人"的方向。本研究

立足本园实际，以幼儿一日生活活动为切入点，从特色民游、经典诵读、节气和食育、自然课程、润心育德五个方面出发，从现实生活中可感知的文化因素入手，对幼儿进行传统文化教育，使优良的文化传统在幼儿心里得到继承和发展。

3.思路创新。

将传统的启蒙教育转化为适宜幼儿的乐活课程，切实建构具有中国文化底蕴的乐活教育资源体系，并培育典型实践样态。本研究舍弃"师本位"，倡导"儿童本位"，以乐生活、慢教育、真游戏、深学习、可持续作为研究思路，有效地建构和实施基于优秀传统文化的乐活主题活动，引导幼儿探寻优秀的传统文化，从而汲取最适宜的传统文化食粮。

四、条件保障

（一）研究基础

课题负责人王倩曾荣获山东省特级教师、齐鲁名师、山东省教学能手、济南市C类高层次人才等荣誉称号，被聘为山东省教科院学前教育兼职教研员、山东省远程研修工作坊主持人，参与并完成了"十五""十一五""十二五"的省级规划课题、"十三五"市级课题、省级"十四五"子课题和区级"十四五"课题的研究。经验丰富的课题负责人，是本课题有效开展的有力保证。

结合"十五"课题，幼儿园成功创建了三大网络平台，即"宣传平台""办公平台""家园通平台"；"十一五"课题对三大平台进行了更为深入细致的研究、探索和使用，幼儿园在此基础上成功出版了《信息时代的教育智慧》；"十二五"课题将信息技术的应用提升为数字化校园建设，幼儿园启用了可同时依托网络平台和手机客户端的信息化管理平台；"十三五"课题将互联网运用到幼儿园工作的方方面面，幼儿园利用互联网架起的立交桥，最终实现教育过程的全面信息化；参与省级"十四五"课题《幼儿自主游戏的信息化支持策略研究》

的子课题《自主游戏前课程主题资源生成的智能化研究》，聚焦教育信息化与幼儿自主游戏的多方联动，依托物联网技术，创设智能化游戏环境，助力幼儿自主游戏发展；主持区级"十四五"课题《中华优秀传统文化与乐活教育有机融合的实践与研究》，将抽象的传统文化知识转换为儿童可感知和实践的乐活课程内容，积极探索建构多感官参与的"浸润式"学习路径，生成幼儿园传统文化教育的活动路径和课程资源。

课题组长张宁，一级教师，在国家级期刊发表多篇论文，参与研究"十二五"省级课题《生态式教育下幼儿园的可持续发展》、"十三五"省级课题《生态学视野下幼儿园游戏化课程的实践研究》，努力为幼儿打造生态式的游戏环境，引导幼儿共同参与游戏环境的创设，以促进幼儿主动性、独立性和创造性的发展。

课题组长陈静，二级教师，曾被评为市中区"优秀班主任"，参与研究"十三五"省级课题《山东省幼儿园科学教育资源的开发利用与合理配置研究》，把幼儿园科学教育与社区资源有效开发利用，并合理配置，助力幼儿成长。

我园依托优秀传统文化，围绕"以和爱之心、享自然之美、育乐活儿童"的办园理念，走"乐活儿童"的特色发展之路，积极开发园本课程《根植传统文化，培育乐活儿童》，将传统文化融入园本课程中，融入幼儿生活中，真正做到"润物无声"，让传统文化在孩子心中生根发芽，促进幼儿的全面发展。

一系列的研究工作，提高了幼儿园保教工作的科学含量，促进了教师的专业化发展；教师将先进的教育理念转化为与孩子有效互动的教育行为，促进了孩子的发展；幼儿园办园水平得到了提升，树立起幼儿园优质学前教育的品牌形象。由此，我园将继续依托优秀传统文化，将其与乐活教育理念有机结合，完善园本课程体系，对幼儿进行文化启蒙，提升幼儿综合素质，在活动中涵养幼儿精神，帮助幼儿建立文化自信。这是幼儿园教师发展的需要，幼儿发展的需要，也是幼儿园整体发展的需要。

（二）物质保障

2022年10月，我园成功申报"济南市中华优秀传统文化融合现代教育试点园"，申请的专项活动经费3万元，购置了以中华优秀传统文化为背景的"儿童性格涵养教学法体系"培训课程及配套操作材料，并积极参与相应的系统培训，开展传统文化与现代教育融合的系统性研究。这为优秀传统文化立德育人活动的落地实施，提供了具体路径和策略。

2023年3月，我园成功申报"区级中华优秀传统文化课程研究基地"，积极参与课题项目研究。幼儿园结合办园实际，开展多样化学习、实践和研讨活动，切实加强过程性管理，及时总结、提炼研究成果，为提升我区教育品质做出了一定贡献。

五、计划进度（预期完成时间，每个阶段的计划）

第一阶段：（2023.06～2023.09）

组建研究团队，围绕总课题方案，研究分解子课题并制定子课题方案；依据子课题方案启动研究，撰写子课题研究报告；进行传统文化主题环境创设，完成相关设施设备的补充、更新工作；

第二阶段：（2023.10～2026.08）

围绕子课题扎实有效地开展研究；课题研究实施过程中开展有针对性的培训，课题组成员对实施过程做详细记录（包括文字记录、摄影记录），每学期进行阶段研究成果梳理和总结，并撰写阶段研究报告。

第三阶段：（2026.09～2026.12）

整理与本课题研究相关的文字、照片、录像等各种资料，撰写课题研究论文，制作优秀传统文化主题集锦。邀请专家指导，梳理典型案例，提炼典型经验，撰写课题研究报告和工作报告，做好结题的各项准备工作。

六、预期成果

序号	完成时间	预期成果名称	成果形式	承担人
1	2023.06～2025.03	优秀传统文化融合乐活课程活动手册（中期）	汇编合本	刘天天、王佳梅、刘爽
2	2023.06～2025.03	优秀传统文化融合乐活课程的研讨活动记录（中期）	研讨手册	陈静、颜翠、赵鑫鑫
3	2023.06～2025.03	传统文化环境布置作品汇展（中期）	电子相册	王正慧、张宁
4	2025.04～2026.12	优秀传统文化融合乐活课程活动手册（最终）	汇编合本	刘天天、王佳梅、刘爽
5	2025.04～2026.12	优秀传统文化融合乐活课程案例集（最终）	案例集	课题组成员
6	2025.04～2026.12	优秀传统文化融合乐活课程的研讨活动记录（最终）	研讨手册	陈静、颜翠、赵鑫鑫
7	2025.04～2026.12	传统文化环境布置作品汇展（最终）	电子相册	王正慧、张宁
8	2026.01～2026.12	课题研究论文集	论文	课题组成员
9	2026.12	研究报告和工作报告《传统文化背景下乐活课程建设的理论与实践研究》	研究报告 工作报告	王倩、张宁

精研细磨理思路　深化推进促发展
——"十四五"课题中期总汇报

习近平总书记在讲话中指出："中华优秀传统文化是中华民族的突出优势，是我们最深厚的文化软实力。"坚定文化自信，传承最美的中华之魂，成为每一位幼教人的使命与责任。经驿幼儿园申请的基于传统文化背景下的课题，自2023年起在各位专家的指导下开题。课题组在"党旗熠光辉，幸福育花人"党建品牌的引领下，立足幼儿身心发展特点，尝试探索将传统文化融入幼儿园课程，引导幼儿继承和发扬优秀传统文化。课题组力求通过传统文化课程塑造幼儿美好心灵，培植幼儿爱国情怀。

为了更好地推进和总结课题研究工作，进一步做好课题研究成果的梳理，提升课题研究质量，济南市市中区经驿幼儿园进行了"十四五"规划课题中期汇报。

一、前期回顾，课题梳理

我园申请的基于传统文化背景下的课题于2023年在各位专家的指导下开题。在这一年的课题实践研究过程中，我们邀请了省市区专家参与到我们的课题研讨中，对课题实践进行指导，从而有效提升教师教科研能力，帮助我们更深入地开展课题研究。

课题负责人汇报了"十四五"课题研究工作的主要进展，全面梳理了六个子课题的推进情况，并针对课题进程中取得的阶段性成果给予了表扬和鼓励，同时也提出了课题实施过程中存在的问题及今后改进的措施。随后，六个子课题主持人就本课题的研究进展情况、主要成果、存在的问题及改进策略、下一步实施计划等进行了详细的汇报。

二、汇报交流，稳步推进

自课题确立以来，在课题组长的带领下，我园教师从本园实际出发，遵循幼儿的年龄特点、发展需求，以《指南》为纲领性文件，致力于传统文化与乐活教育有机融合的班本课程的研究。其间，我们搜集了大量的文献资料，用以保证我园课题研究的科学性。我们从幼儿园实际出发，制订了传统文化园级目标以及小、中班年龄段目标，帮助教师把握课程活动（课题研究）方向，保障课程实施的有效性。现将课题研究情况做中期汇报：

（一）子课题一：《二十四节气、食育与乐活教育有机融合的实践研究》

在课题实施过程中，我们开展了多次不同形式的课题研究活动，组织实施的班本化课程也都是基于幼儿的经验、兴趣和需要，以满足本班幼儿发展需要为宗旨，由教师、幼儿和家长共同参与开发的课程。

在前期的课题研究中，班级教师不断学习、思考、研讨，整合家、园、社等多方资源，以"食材"为切入点，带领孩子们深入地感知节气与食育的魅力。课题前期成果已经汇集成《济南市市中区经驿幼儿园班本课程之节气与食育》一书，推出的精品视频《小吊梨汤》《"雨水"饮：薏米茶》《"春分"十里遇见你》等多次被市中教育、市中幼教、大众网海报新闻、学习强国等平台发布，撰写的论文《基于二十四节气的幼儿食育活动的实践研究》荣获"山东省教育教学百佳论文奖"。后期我们将继续努力，共同促进课题的有序开展。

（二）子课题二：《中华经典诵读与乐活教育有机融合的实践研究》

在课题开展和研究过程中，我们愈发深刻地了解到中国传统诗词文化的重要性。我们根据幼儿的年龄特点，从赏、诵、唱、画、演、做等多方面入手，引导幼儿全方位感受传统文化的魅力，多角度品味传统文化的内涵。我们充分凝聚家、园、社三方力量，以班级为中心，开启诗人篇、特色活动篇、家园共育篇等多种诗词之旅。由班及园，开启经驿朗读者活动，让幼儿沉浸在书香诵读中。截至目前，朗读者活动已推送 92 期，并在幼儿起床时间在经驿广播站进行播放，耳濡目染，让幼儿在全环境中领略中华诗词的魅力，成为小小诗词传承人。

过程中我们也积累幼儿成长足迹，丰富经驿朗读者资源库，经驿幼儿园的"乾成书院"成功申报为济南市市中区书院联盟成员。后期我们也将继续努力，深入挖掘优秀传统文化，让国学经典大放光彩，滋养幼儿心灵。

（三）子课题三：《济南本土文化与乐活教育有机融合的实践研究》

济南本土文化作为中华优秀传统文化的重要组成部分，是幼儿了解和传承中华优秀传统文化的重要内容。家乡文化特色课程的开展，帮助幼儿从身边的人、事、物中了解本地独特的家乡文化，亲身体验多彩多姿的家乡文化，增强幼儿爱祖国、爱家乡的情感。

在研究过程中我们凝聚家、园、社三方力量，将济南本土文化与幼儿日常教育进行深度融合，制订了三步走发展计划：搜集、整理适合在幼儿园开展的济南本土文化活动；亲子共育，走进济南，亲身体验、感悟济南本土文化；开展班级特色活动，提升幼儿的语言表达能力和表现力，从而促进幼儿的全面发展。

前期我们溯源大舜文化，鼓励孩子们利用周末的时间和家人一起爬千佛山，亲身感受舜文化。小朋友化身小演员，在幼儿园里演绎妙趣横生的《舜耕历山》，体会舜文化"孝、德、和"的核心内涵。品味家乡美食，亲手制作"草包包子"，探索和发现属于我们的"济南味道"。

后期我们也将深度挖掘家乡文化，将七十二名泉融入课程，在寻泉、访泉、爱泉、护泉中了解七十二名泉，弘扬泉水文化，讲好泉水故事，培养爱泉水、爱家乡的情感。

（四）子课题四：《传统润心育德与乐活教育有机融合的实践研究》

幼儿期是世界观、人生观和价值观的萌芽期，是人生成长的奠基阶段，更是良好习惯养成的关键期，所以我们在活动设计方面遵循幼儿成长规律以及游戏化、生活化等教育原则，课程活动涵盖健康、语言、社会、科学、艺术五大领域，各领域内容相互渗透，有机结合。

在润德教育的研究中，我们基于幼儿的经验、兴趣和需要，以满足本班幼儿发展需要为宗旨，进行了一系列的活动：快乐进餐，礼仪相伴；孝道根植幼心，传承中华美德；幼学礼仪，童蒙养正；勇敢伴我行，品格润心田；礼润童心，尊师重道；助人为乐，爱在心田；立精忠报国志，星星火代代传；用礼仪沟通心灵，让文明变成行动；诚信守礼，浸润童心等。一系列的润德课程，帮助孩子掌握了一定的基础知识，健全了孩子的性格，同时帮助孩子树立起良好的品德意识。

今后，我们将结合《弟子规》《三字经》《论语》等传统文化典籍开展主题活动，努力研究，共同促进课题的有序开展。

（五）子课题五：《传统中医药文化与乐活教育有机融合的实践研究》

前期我们积极申报中医药文化试点园，最大限度地凝聚家、园、社三方资源，通过家长会、家长学校向家长宣传中医药文化，引导家长积极参与中医药文化的推广和教育。各班结合自己班级的特点和幼儿兴趣开展了适合本班学情的班本课程内容，并就实施过程中出现的问题和困惑及时研讨交流，提出解决方案。

课程实施过程中，我们将通过多种教育方法和活动契机将中医药文化融入到幼儿的一日生活中，创设灵动的育人环境，打造中草药微馆，通过游戏、音乐、栽种等体验性活动让幼儿感受中医药的神奇和魅力。特制滋养饮品小吊梨汤，让食育养人，强健幼儿体魄。五禽惠身心活动中，幼儿通过模仿达到强身健体之效果。"认识身边的中草药"和"寻觅百草园"活动，帮助幼儿了解身边的中草药的生长过程和功效，了解中草药的传统文化背景和价值。

在后续开展的活动中，我们将及时汇总有效策略，积极地带动家、园、社一起参与其中，整理食育特色食谱、五禽戏视频集、经驿中医配方册。课题组将以幼儿的发展需求为基础，通过一日活动等多种形式，引导幼儿自主发现、学习探究、实践体验，了解中草药的知识，为课题后期的研究提供科学有效的指导。

（六）子课题六：《传统民间游戏与乐活教育有机融合的实践研究》

作为幼儿感兴趣的一种游戏形式，民间游戏对幼儿的成长具有多方面的价值。在前期课题深入开展的过程中，我们进行了多次不同形式的课题研究活动，通过把传统民游与民俗文化、幼儿室内外自主游戏、幼儿园主题教学活动相结合，在多样化的活动中合理、有效地打造儿童视角的特色传统民游，实现传统民游与现代游戏的整合，为幼儿的可持续发展奠定了基础。

前期研究中我们秉承培育"乐活儿童"的育儿理念，家、校、社三方合力挖掘传统民间游戏的教育价值。将传统游戏、民俗文化融入幼儿一日生活，创设富有民游特点的班级环创；室内、室外投入不同层次、不同种类的游戏材料，引导幼儿自主探索；结合现代教育理念和游戏元素，设计具有创新性和吸引力的传统游戏活动。通过在不同时段开展不同形式的民间游戏，教师在实践过程中以点带面，以大带小，加强不同年龄阶段幼儿的合作，培养幼儿的文化认同感和多元文化意识，班级内形成了"乐活民游"的新局面。

后期我们将结合幼儿年龄特点，大力开展户外民间体育游戏，以及适合在室内进行的益智类、语言类的民间传统游戏。同时，我们会把前期进行的传统民间游戏成果汇编成册，继续带领孩子挖掘民间传统游戏资源，感知传统文化的魅力。

三、专家指引，精细研磨

灯塔指路，明晰方向。专家们根据课题汇报及现场查阅课题成果情况，充分肯定了我园浓厚的科研氛围，认为经驿幼儿园能以幼儿发展为本，通过多种途径和方式挖掘传统文化内涵，课题目标清晰，内容丰富，方法科学，行动扎实，对幼儿园在疫情期间能汇编出如此丰硕的课题成果给予了高度的赞扬和肯定。

专家充分肯定了我园两个课题中期阶段的研究成果和研究队伍的实干精神，对扎实的前期工作、具体可行的研究方案、与校园文化特色相融合且具有创新性和实践意义的研究内容表示赞赏。同时，专家们针对课题研究提出了指导意见，希望课题内容的梳理应更加具体、清晰，建议课题组充分挖掘家长和社区资源，打造更多典型的传统文化课程。专家们的精彩点评和指导让与会的课题组成员受益匪浅，为未来的课题研究指明了方向。

四、学思践悟，蓄力再发

"一群志同道合的人，一起奔跑在教育科研的路上，回头有一路的故事，低头有坚定的脚步，抬头有清晰的远方。"我园将立足本园实际，结合《纲要》和《指南》精神，努力探索适合幼儿发展的传统文化课程，以专业的能力与态度将课题研究工作扎实推进，不断提升教研水平。课题组长王倩将根据专家的指导，在接下来的课题研究过程中做好以下几点：

1. 优化与调整。建议子课题负责人在课题研究的过程中，继续使用各类表格，在使用过程中去发现问题，并及时对相应的表格内容进行优化与调整。

2. 理论与实践。建议在课题实施过程中，不断加强与课题相关理论的学习，有针对性地阅读相关的书籍、文献，提升各小组成员的专业素养及专业能力。

3. 互享与合力。各小组研究重点不同，但研究总方向是一致的。在平行研究的基础上，加强课题之间的交互共享与学习。在遇到瓶颈的时候，各组合力推进课题研究。

最后，要求各课题组做好成果的梳理，如班本课程相关论文、班本课程故事、案例等。

五、结语

本次课题中期汇报既是一个阶段小结,也是一个新的研究起点,帮助课题组成员进一步明确下阶段课题研究的着力点与途径。课题研究过程是一个不断提出问题、解决问题的过程,课题组将会以本次汇报活动为契机,继续在园本课程建设上不遗余力地探索新思路、新方向,做到学有所思,思有所行,为幼儿园保教质量提升戮力前行!

成果汇集:

子课题《二十四节气、食育与乐活教育有机融合的实践研究》

根植优秀传统文化,培育经驿乐活儿童。很高兴能与大家分享传统文化视角下节气、食育与乐活教育的实践与研究,目前我们的研究进行到中期阶段,我将从以下五个方面进行汇报:课题提出、研究意义、研究周期、研究概述、研究成果。

一、课题提出

我国的饮食文化博大精深,自古便有"民以食为天"的民谚。将二十四节气文化融入幼儿园食育,既是对二十四节气传统文化的保护与传承,也是对"食育"思想的继承和发展。

前期我园对节气与食育活动开展过程中遇到的普遍性问题开启了实践研究,在上半年的开题汇报中,各位专家对我们前期开展的活动进行了细致的分析与点评。之后我们虚心汲取经验,针对专家提出的"幼儿实践空间不足、课程不够多样化"等问题展开了讨论,完善了中期研究计划并予以实施,接下来我将给大家展示一下节气与食育实践研究中期实施阶段的意义及各项细节。

二、研究意义

1. 有利于帮助幼儿养成健康的饮食习惯。幼儿园开展顺应二十四节气的食育实践研究,在幼儿饮食方面选择时令性、地域性的食材进行科学搭配，开展以二十四节气文化为主题的系列活动，在幼儿生活方面遵循二十四节气的自然规律，让幼儿身体与自然归一，帮助他们养成健康的、受益终生的饮食习惯。

2.有助于幼儿园的课程改革和幼儿园特色发展。幼儿园教育应该回归本真，做一些简单而行之有效的事情，为幼儿的终身发展奠定基础。二十四节气文化与幼儿园食育相融合的实践研究，以"食"为核心，结合传统文化和中医的精髓，打造出一套系统的园本课程。在实践研究过程中，幼儿园的特色化发展也得到了加强。

3.有利于激发人们对传统文化的保护和传承意识。要保护和传承二十四节气文化，必须让它走进现代生活，走进中国人的家庭。把传统文明的种子埋在孩子心里，是保护和传承传统文化的最好方式。

三、研究周期

第一阶段是启动阶段（2022.09～2022.12）

主要内容：讨论研究方案，梳理节气知识、饮食习俗。

1.组织课题组成员广泛学习，明确研究方向。

2.搜集节气习俗、饮食习惯，梳理知识库。

3.初步开展活动，进行研究实践初探索。

第二阶段：实施阶段（2023.01～2023.12）

主要内容：以多种形式开展课程。

1.创建食育环境，发挥浸润式教育效果。

2.开展食育系列课程，循序渐进地融入食育内容。

3.家园合作，更好地发挥孩子天性。

4.以点带面，带动全园乐享食育文化。

第三阶段：总结阶段（2024.01～2024.12）

主要内容：成果梳理，资源总结。

1.充分梳理实践过程中的各种精彩课程，汇编成册。

2. 生成并汇集有效指导策略，在园内应用推广。

四、研究目标

小班目标：

1. 培养幼儿不挑食、不偏食的饮食习惯，养成良好的用餐礼仪。

2. 对节气有初步的了解与认知。

3. 了解食材的生长和制作过程，知晓种植粮食的不易，根植感恩之心。

中班目标：

1. 引导幼儿通过了解饮食文化，培养孩子积极乐观的生活观念，让幼儿养成正确的生活习惯。

2. 借助幼儿了解食物的过程，为幼儿制订更为合理健康的饮食方案，从而促进幼儿健康成长。

3. 通过家、园携手更好地落实食育教育目标，有力地推动幼儿在德、智、体、美、劳诸方面的健康发展。

大班目标：

1. 开展回归生活的二十四节气教育，通过视、听、嗅、味、触觉的体验，让幼儿直接获得生活经验，感受食物的美味。

2. 帮助幼儿树立正确的饮食意识，形成受益终生的饮食习惯和生活方式，为幼儿的终身发展奠定基础。

3. 营造保护和传承传统文化的大环境，把传统文明的种子埋在孩子心里，花开在孩子家庭，果结于广大社会。

五、课程实施

（一）创建食育环境，发挥浸润式教育成效

教育离不开良好的环境，创建食育环境是食育活动开展的基础。良好的环境可以在潜移默化中对幼儿产生影响，发挥浸润式教育效果。

在班级里，我们把食物作品充实到区域内，将节气相关知识、习俗、开展活动轨迹等内容或在主题墙展示，或制作成绘本投放到图书区供孩子阅览。种种举措对孩子产生了潜移默化的影响。在班级里我们单独开设了节气食育区，孩子们很喜欢这个区域，甚至学会了泡茶送给老师喝。在廊道装饰中，我们也利用二十四节气进行环境创设，丰富了整个幼儿园的节气氛围，潜移默化地感染和影响着每一位幼儿。

（二）"请进来，走出去"，充分利用家、园、社资源

二十四节气食育主题课程，让幼儿明白了播种、收获与不同季节的关系，不同节气与不同食物的关系，感受到中国传统饮食文化的魅力。

1. "春分"十里遇见你——社会实践活动。春分时节，我们和家长一起带领孩子们走进美丽的森林公园，感受春分的美妙、大自然的苏醒；在野餐活动中大家互相分享美食，孩子们在亲身体验中感知传统文化中"不时不食"的含义，爱上节气馈赠的美味。

2. 大暑至，夏意浓——春吃芽，夏吃瓜。西瓜也有不同的吃法。大一班的小朋友和爸爸妈妈一起用西瓜制作成"西瓜果冻"，爽滑细腻，清凉又解暑。

3. 夏至秋来，立秋你好——立夏栽茄子，立秋吃茄子。在立秋来临之际，小朋友在家和爸爸妈妈一起制作了美味可口的"芝麻酱茄子"。

4. 国庆演绎——《寒露与茶》。从白露到寒露，从初秋到深秋，茶叶变幻着五彩的颜色，我们也在岁月中感受着人间的多彩世界，孩子们在国庆诵读经典活动中绘声绘色地演绎了寒露与秋茶的故事。

5. 学会分享——我们带领孩子们把在各种活动中制作的美食分享给社区的叔叔阿姨和幼儿园的老师们，让孩子们在一言一行中学会珍惜与感恩。

（三）开展食育系列课程，让孩子在活动中充分地体验、实际操作

1. 芒收食美味，芒种育童心——芒种时节，收获美好。正值四月，孩子们种下的香菜和茼蒿已经到了收获的时节，他们将香菜撒在饭菜

上面，将茼蒿整理好后装袋，开心地将自己的收获带回家和爸爸妈妈分享。

2. 知享食之礼，品夏至之味——冰粉是夏日里受欢迎的美食。它晶莹剔透，口感细滑，小朋友们一边自主添加着自己喜欢吃的水果，一边感受着浓浓的夏至氛围。

3. 秋意渐浓，恰如其分——美味的白露玉薯糕。秋分时节，孩子们和老师一起制作了美味的白露玉薯糕。秋分也是收获的季节，俗话说："秋分收花生，晚了落果叶落空。"秋分时节，大一班的花生大获丰收，孩子们忙着采摘、清洗、晾晒，感受着丰收的喜悦。

4. 小雪润年华，悄然润心扉——可口的红豆山药糕。小雪时节孩子们一起制作的红豆山药糕，健脾理胃，孩子们心里暖暖的。

六、总结与规划

在前期的课题开展中，我们不断学习、思考、研讨，前期成果已经汇集成册，推出的精品视频多次被市中教育、市中幼教、大众网等平台采用，撰写的论文《基于二十四节气的幼儿食育活动的实践研究》荣获"山东省教育教学百佳论文奖"。后期我们将继续努力，整合家、园、社等多方资源，以"食育"为切入点，带领孩子们更加深入地感知节气与食育文化，共同促进课题的有序开展。

子课题《中华经典诵读与乐活教育有机融合的实践研究》

一、课题提出

五千年文化，三千年诗韵。古诗词作为中国优秀传统文化的组成部分，是我国重要的文化瑰宝。学习和诵读经典古诗词是幼儿了解和传承中华优秀传统文化的重要方式，也是对中华传统文化的保护与传承。

二、研究意义

1. 幼儿期是智力发展迅猛的时期，也是记忆力最旺盛的时期。不同形式的经典诗文诵读能够激发幼儿的民族自豪感和自信心，让幼儿在潜移默化中感受中华民族的传统文化。课题的开展有助于培养幼儿对传统诗词文化的喜爱之情，引导幼儿从自身做起，弘扬诗词文化。

2. 诵读经典诗词，可以充分激发幼儿的阅读兴趣，扩宽他们的知识面。同时幼儿能够通过诗词感知身边的美好事物，学会结合情景进行运用，养成阅读和表达的习惯。

三、研究周期

第一阶段：启动阶段（2022.09～2022.12）

主要内容：讨论研究方案，梳理相应的诗词内容，感受诗词之美。

1. 组织课题组成员进行研究学习，明确方向。
2. 搜集适合幼儿年龄阶段的诗词，整理成册。
3. 初步开展活动，尝试进行初体验，初探索。

第二阶段：实施阶段（2023.01～2023.12）

主要内容：结合园所力量多形式地开展课程。

1. 创建经驿朗读者活动，培养幼儿语言表达诵读能力。
2. 开展多种形式的诗词诵读活动，让诗词浸润幼儿心灵。
3. 家、园、社三方合作，创设经典诵读的良好环境与氛围。
4. 充分融合国学经典，拓宽幼儿视野，促进诗词文化普及。

第三阶段：总结阶段（2024.01～2024.12）

主要内容：成果梳理，资源总结。

1. 将适合大中小不同年龄段幼儿的诗词内容整理成册。
2. 融合成语文化、国学经典等内容，逐步整理成册。
3. 生成相应的经典诵读课程，形成体系化的指导策略，并加以推广应用。
4. 整理经驿朗读者诵读库，做好课程资源汇聚、归类工作。

四、研究概述

（一）研究目标

小班目标：

1. 激发幼儿对诗词的热爱之情，幼儿能够乐于诵读诗词。
2. 提升幼儿对于诗词文化的感受能力，发展幼儿语言表达能力。
3. 充分利用家、园力量，共同引领幼儿感受诗词韵味之美。

中班目标：

1. 为幼儿创设具有趣味性和探索性的朗诵环境，探索经典诵读的多元方式，打造乐活式经典诵读系列活动。
2. 建立经典诵读资源库，汇聚、整理优质活动资源。
3. 课程延伸，多元融合，提升经典诵读与幼儿互动的功能与价值。

大班目标：

1. 幼儿能够积极参与经典古诗文诵读活动，对于古诗文作品有较浓厚的兴趣，能初步感受古诗词中的情感。
2. 用表演、诵读、绘画等多样的形式呈现诗词内容，了解诗词的内容与情感。
3. 学会欣赏生活中的美，并能够尝试唤起记诵的古诗词内容。

（二）研究内容

本课题研究基于传统文化视角，运用信息化技术手段，立足"以'乐'为根本，以'活'促发展"的教育理念，潜移默化地引导幼儿了解优秀传统文化，结合幼儿的兴趣和年龄特点，引导幼儿诵读经典古诗词。课题研究要求我们在观察、记录、分析中不断完善教育方式，形成科学的指导与应用策略，并形成经典诵读资源库，提升幼儿的语言表达能力，从而促进幼儿的全面发展。

（三）研究过程

1. 班级活动脉络图

结合经典诵读活动的定位，从诵读出发，引起幼儿兴趣。从赏、诵、唱、画、演、做等多角度入手，引导幼儿多感官表现诗词中的情感。

（1）趣味诗词——诵读篇

① 经驿朗读者，浸润一日生活。

带领全园幼儿共同开启经驿朗读者活动，让经典诗词浸润幼儿一日生活。从教师分享到幼儿分享，再辐射到家庭，朗读者活动带动教师、幼儿、家长齐参与，大家积极分享各种诗词内容，诗词资源库也日渐丰富起来。

② 诗词传承，经典诵读。

诗意中国，源远流长。诗词表演活动更是把孩子们带进了古典诗词的王国。经典诵读活动综合教师、幼儿、家长三方力量，在幼儿园、家庭营造出诵读经典的浓厚氛围，活动一步步推进，研究内容也层层展开，特色活动内容不断更新，孩子们的诗词储备量不断增加。

③ 家园分享，共促成长。

家长会根据班级活动要求陪伴幼儿一同学习古诗词，了解诗词内容情感，同时练习诵读。学习经典的过程，也是亲子共处、增进感情的过程。

（2）诵读诗词——多样化

① 芳草诗会展风采。

幼儿各自挑选自己喜欢的描写秋天的诗词，共同筹备一场芳草诗会。从内容选择、场地确定、会场布置、表演形式到道具服装，活动的相关准备工作交由孩子们完成。孩子们乐在其中，不仅感受到了诗词之美，而且提高了他们的社会交往的能力。

② 多样呈现，与诗同行。

幼儿代表介绍"我最喜欢的一首诗"，之后幼儿进行分组讨论、投票，选出讲解最生动、最吸引人的诗词讲解员。分享、讨论的环节加深了幼儿对诗词内容、情感的理解。

③"一句诗爱上一座城"系列活动。

黄河篇

"九曲黄河万里沙，浪淘风簸自天涯。"为何叫九曲？为什么说黄河远上白云间？从哪里开始流入大海？

一句诗展开对于黄河母亲河的无限畅想。孩子们自发展开讨论，绘画表征，搜集诗词，讲解内容，最后还结合全班力量，共同绘制黄河长卷，表达对母亲河的无限爱意。

2. 活动规划

（1）成语文化。

成语是中国汉字经过长期使用、锤炼而形成的固定词组，具有深刻的思想内涵。结合幼儿的年龄特点，我们将逐步开展以成语文化为主题的成语诵读、成语绘制分享、成语故事演绎等活动，带领孩子们从身边出发，从兴趣入手，共同开启了解成语文化的新旅程。

（2）童趣性传统文化经典诵读。

①《对韵歌》：《对韵歌》句式整齐，合辙押韵，朗朗上口，通俗易懂，文道结合，便于儿童理解，易激发学生识字的兴趣。它融汇古代传统文化精髓，在天文、地理、花木、鸟兽、人物、器物等对应关系中展现韵律之美。

②《论语》：《论语》是记录春秋时期思想家、政治家、教育家孔子及其弟子言行的书。作品多为人物语录，语言简练，浅近易懂，能在简单的对话中展现人物形象，传递儒家思想。《论语》言近旨远，适合幼儿理解、背诵，也有助于培养语感。其深厚的思想，会一点一滴地持续滋润幼儿的一生。

③《弟子规》：《弟子规》原名《训蒙文》，是依据孔子的教诲编成的生活规范。《弟子规》，旨在教导儿童为人处世的规范，以及孝悌之理等道德素养。《弟子规》不仅是儒家的基础，也是人性的基础，诵读《弟子规》有助于幼儿习惯的养成和品德的培养。

五、研究成果

1. 撰写《传统文化视角下经典诵读与乐活教育的实践与研究》子课题研究报告。

2. 汇总经驿朗读者广播站所有内容，分别梳理幼儿篇、教师篇及家长篇，形成经驿朗读者资源库。

3. 适合大中小不同年龄段幼儿诵读的诗词集册（古诗、解析、诵读、配画）。

4. 制作成语故事集册。

子课题《济南本土文化与乐活教育有机融合的实践研究》

一、课题提出

济南本土文化作为中国优秀传统文化的组成部分之一，是幼儿了解和传承中华优秀传统文化的重要内容。家乡文化特色课程的开展，有利于幼儿从身边的人、事、物中了解本地独特的家乡文化，亲身体验多彩多姿的家乡文化，增强幼儿的文化自信。

二、研究意义

济南地域文化是中华文化的重要组成部分，具有丰厚的教育价值。"一方水土，养一方人。"具有四千多年历史文化底蕴的济南，地域文化内容多姿多彩。将济南地域文化融入幼儿园特色课程，可以让幼儿体验济南的文化魅力，从而进一步了解家乡，认识家乡，欣赏家乡，培育他们对家乡文化的认同感，激发幼儿爱家乡、爱祖国的情感，从而增强民族自信心、自豪感。

三、研究周期

第一阶段：启动阶段（2022.09～2022.12）

主要内容：为了使课题顺利开展，我们积累了大量的前期经验，探索如何将济南本土文化与幼儿日常教育进行深度融合，制订了三步走发展计划。

1. 搜集、整理适合在幼儿园开展的济南本土文化资源。

2. 走进济南，亲子共育，亲身体验感悟济南本土文化。

3. 开展班级特色活动，提升幼儿的语言表达能力和表现力，从而促进幼儿的全面发展。

第二阶段：实施阶段（2023.01～2023.12）

主要内容：以多种形式开展课程。

1. 探寻家乡文化。

2. 溯源舜城济南，感受大舜文化。

3. 品味家乡美食，感受饮食文化。

第三阶段：总结阶段（2024.01～2024.12）

主要内容：成果梳理，资源总结。

1. 撰写《济南本土文化与乐活教育有机融合的实践研究》子课题研究报告。

2. 在后续开展的活动中，我们将及时汇总有效策略，积极地带动家、园、社参与其中，形成特色活动整合册及有效策略案例，在园内外应用推广。

四、研究目标、内容、过程

（一）目标

1. 结合幼儿的兴趣和发展特点，打造"乐活式"济南本土文化系列活动。

2. 利用儿童海报营造沉浸式活动环境。

3. 课程延伸，多元融合，提升班本课程与幼儿互动的功能与价值。

（二）内容及过程

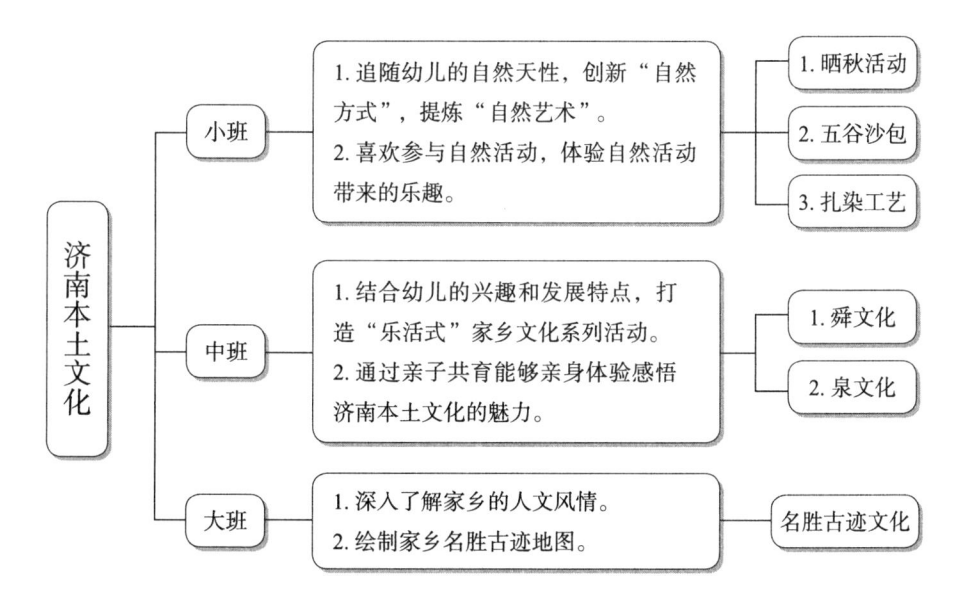

```
                    ┌─ 小班 ─── 1.追随幼儿的自然天性，创新"自然      ┌─ 1.晒秋活动
                    │          方式"，提炼"自然艺术"。              ├─ 2.五谷沙包
                    │          2.喜欢参与自然活动，体验自然活动      └─ 3.扎染工艺
                    │          带来的乐趣。
                    │
济南本土文化 ───────┼─ 中班 ─── 1.结合幼儿的兴趣和发展特点，打        ┌─ 1.舜文化
                    │          造"乐活式"家乡文化系列活动。          └─ 2.泉文化
                    │          2.通过亲子共育能够亲身体验感悟
                    │          济南本土文化的魅力。
                    │
                    └─ 大班 ─── 1.深入了解家乡的人文风情。           ─── 名胜古迹文化
                               2.绘制家乡名胜古迹地图。
```

第一阶段：准备启动阶段（2022.09～2022.12）

为了使课题顺利开展，我们积累了大量的前期经验，探索如何将济南本土文化与幼儿日常教育进行深度融合，制订了"三步走"发展计划：搜集、整理适合在幼儿园开展的济南本土文化活动内容；走进济南，亲子共育，亲身体验感悟济南本土文化；开展班级特色活动，提升幼儿的语言表达能力和表现力，促进幼儿的全面发展。

第二阶段：研究实施阶段（2023.01～2023.12）

1.探寻家乡文化。

为了让孩子们领略家乡济南之秀美，感受济南文化之韵味，我班开启了家乡济南本土文化的探寻之旅。

2.溯源舜城济南，感受大舜文化。

舜文化是中华优秀传统文化的重要组成部分，是济南这座历史文化名城最耀眼的文化品牌之一。我们溯源大舜文化，培育独具舜耕精神的班级文化。我园开展了一系列的"舜文化"活动。

（1）为了让孩子们更加了解舜文化，老师鼓励孩子们利用周末时

间和家人一起爬千佛山，了解舜文化的发展历史。

（2）妙趣横生小剧场，传承舜文化。

在老师的讲解下，孩子们了解了"舜与济南"的故事。中一班的小朋友化身小演员，在幼儿园里演绎了一场妙趣横生的"舜与济南"的故事。

（3）传承舜美德，涵养好品格。

在了解《舜耕历山》的古文故事后，孩子们纷纷对故事的主人公——舜产生了浓厚的兴趣，他们从舜的故事里学习到很多良好的品格。孩子们通过一系列的实践活动，体会到舜文化"孝、德、和"的核心内涵。

我园组织了一系列的"舜文化"活动，从追寻大舜足迹、了解大舜故事到传承大舜品格，以此塑造真正的"乐活"儿童，让孩子们更加了解济南优秀传统文化的底蕴。

（4）品味家乡美食，感受饮食文化。

济南菜是鲁菜的代表，历史悠久，回味无穷。为了让幼儿感悟济南本土文化，品味家乡美食，我园开启了一场美食之旅，去探索和发现那属于我们的"济南味道"。

我园邀请了三位家长大厨，带领小朋友制作济南美食——草包包子。

我们以美食为切入点，让孩子们从了解老济南的特色美食开始，探索家乡，爱上美食，爱上济南。

下一步的实施计划：

济南素有"泉城"美称，我班准备将七十二名泉融入课程，在寻泉、访泉、爱泉、护泉的过程中，引导幼儿了解七十二名泉，讲好泉水故事，培养幼儿爱泉水、爱家乡的情感。

第三阶段：课题总结阶段（2024.01～2024.12）

五、研究成果

1. 撰写子课题研究报告。

2. 形成"舜文化""泉文化"的探究性课程。

3. 绘制家乡名胜古迹地图。

4. 编写适合幼儿传唱的"家乡文化趣味儿歌"。

子课题《传统润心育德与乐活教育有机融合的实践研究》

一、课题提出

1. 简述课题背景

在长期的教育教学过程中，我们发现幼儿普遍缺乏感恩意识，想当然地认为别人应当为自己付出，不懂得感恩以及回报。这种现象的存在会影响到幼儿的健康成长。幼儿园时期是幼儿接受教育的起始阶段，是个体形成优良品格的重要时期。幼儿园要注重德育的落实，让幼儿养成良好的意识和行为，能够以积极的心态对待人和物。

2. 在上一次区级课题研讨会上，领导、专家提出了一些合理的建议。在此次市级课题研究过程中，我们吸取经验，做了一些改变。

二、研究意义

德育是幼儿教育的重要组成部分，是有目的、有组织地塑造儿童心灵的活动。幼儿期是人生品德和个性形成的关键期，适时适度地对幼儿实施德育，将幼儿培养成文明守纪、礼貌待人、活泼乐群、大方自信、有爱心的新时代儿童，是幼儿园教育的根本目的与要求。

三、研究周期

启动阶段（2022.09～2022.12）

主要内容：讨论研究方案，梳理适用的德育主题。

1. 组织课题组成员广泛学习，明确研究方向。

2. 搜集一日生活素材和可供幼儿学习的礼仪儿歌。

3. 初步开展活动，进行研究实践初探索。

实施阶段（2023.01 ~ 2023.12）

主要内容：以多种形式开展课程。

1. 不断学习和研究，探索适合幼儿的更有效的德育方法。

2. 以国学经典《弟子规》《三字经》《论语》为依托，设置更系统的课程。

3. 将幼儿日常学习的礼仪儿歌整理成册，录制相关儿歌，进行音频推送。

总结阶段（2024.01 ~ 2024.12）

主要内容：成果梳理，资源总结。

1. 充分梳理实践过程中的各种精彩课程，汇编成册。

2. 汇集并生成德育指导策略及音频库，在园内应用推广。

四、研究目标、内容、过程

（一）目标

1. 萌发幼儿的爱心，从爱父母、爱师长、爱伙伴开始，逐步进行初步的集体观念教育，进而萌发幼儿的集体荣誉感和爱幼儿园、爱家乡、爱祖国的情感。

2. 初步养成遵礼和守纪习惯，会使用简单的礼貌用语，不打人、骂人，能与同伴友好相处，乐意帮助同伴，遇事能谦让；培养劳动兴趣，自己能做的事自己做。

3. 培养幼儿健康、稳定的情绪和活泼开朗、热情大方的性格，能积极、主动地和小朋友交往；喜爱体育运动和艺术活动，有独立做事的愿望；诚实，不说谎，做错事能承认并改正。

（二）内容及过程

结合中华优秀传统美德等内容对幼儿进行德育培养。中华传统文化：仁、义、礼、智、信；中国儒家伦理三大德：智、仁、勇；24种品格培养：适应、耐心、勇敢、爱心、独立、节俭、秩序、好奇、诚实、礼貌、专注、机智、分享、责任、节制、自信、合作、抗挫、感恩、友爱、创意、慷慨、积极、宽容。

把德育安排在幼儿日常生活环节之中，注重品德教育的随机性。注重日常生活对幼儿品德形成的影响，为幼儿提供行为练习与实践的机会。我们充分捕捉各种教育时机，将幼儿良好生活、卫生习惯的培养放在日常生活中，初步养成幼儿的自我服务能力，并从中培养幼儿良好的品德。

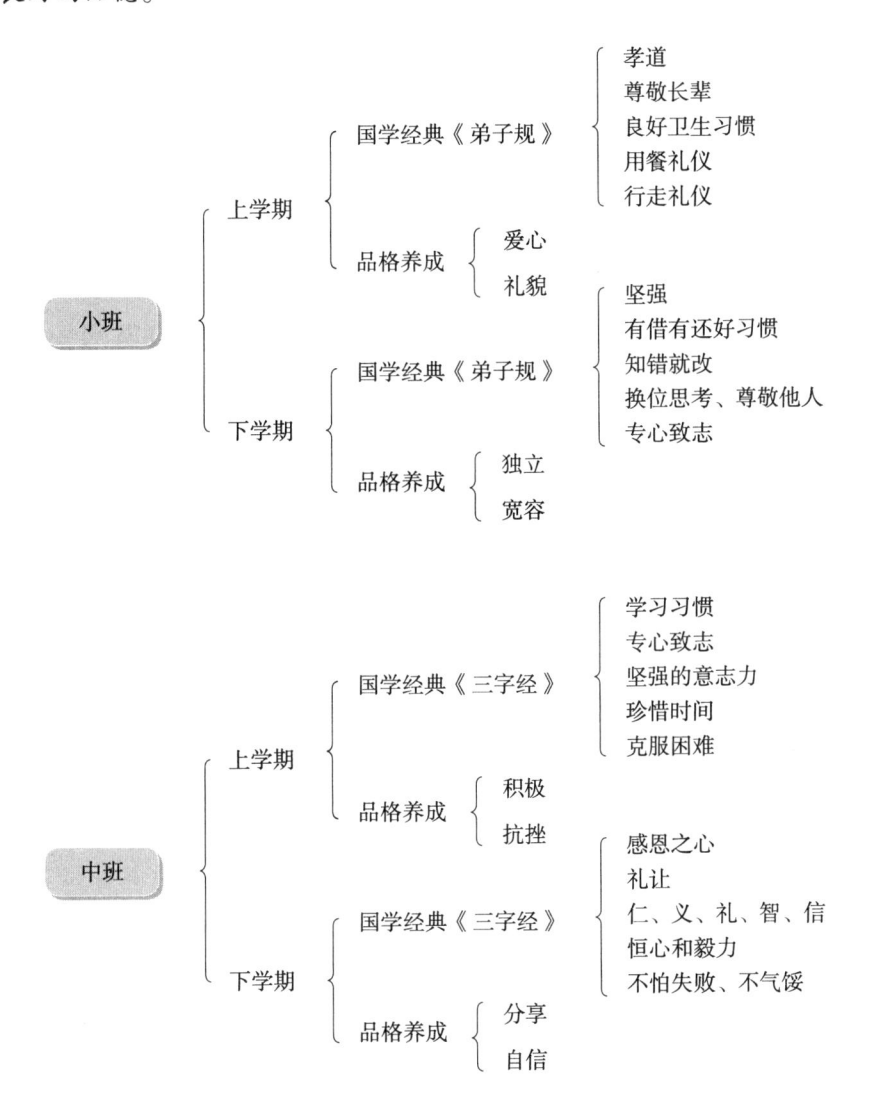

小班
- 上学期
  - 国学经典《弟子规》：孝道、尊敬长辈、良好卫生习惯、用餐礼仪、行走礼仪
  - 品格养成：爱心、礼貌
- 下学期
  - 国学经典《弟子规》：坚强、有借有还好习惯、知错就改、换位思考、尊敬他人、专心致志
  - 品格养成：独立、宽容

中班
- 上学期
  - 国学经典《三字经》：学习习惯、专心致志、坚强的意志力、珍惜时间、克服困难
  - 品格养成：积极、抗挫
- 下学期
  - 国学经典《三字经》：感恩之心、礼让、仁、义、礼、智、信、恒心和毅力、不怕失败、不气馁
  - 品格养成：分享、自信

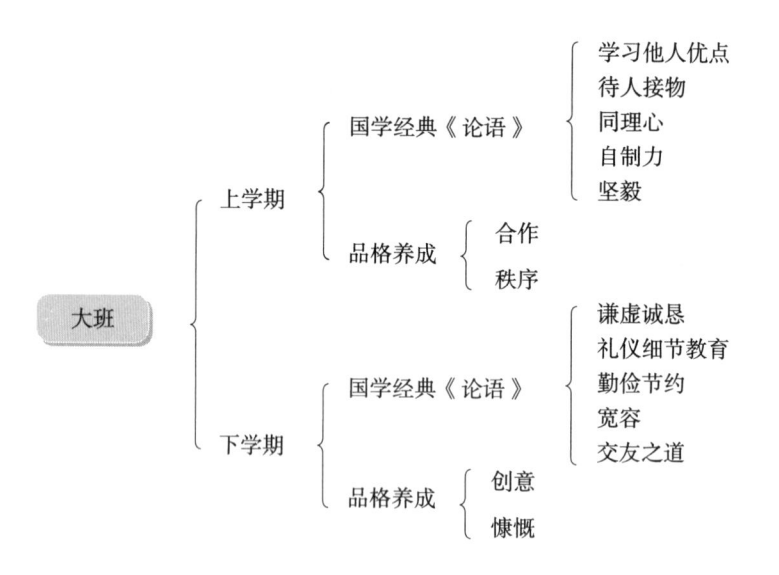

```
                            ┌ 国学经典《论语》 ┬ 学习他人优点
                            │                  ├ 待人接物
                  ┌ 上学期 ┤                  ├ 同理心
                  │         │                  ├ 自制力
                  │         │                  └ 坚毅
                  │         └ 品格养成 ┬ 合作
       大班 ──────┤                    └ 秩序
                  │         ┌ 国学经典《论语》 ┬ 谦虚诚恳
                  │         │                  ├ 礼仪细节教育
                  └ 下学期 ┤                  ├ 勤俭节约
                            │                  ├ 宽容
                            │                  └ 交友之道
                            └ 品格养成 ┬ 创意
                                        └ 慷慨
```

五、研究成果

1. 撰写《传统文化视角下润德教育与乐活教育的实践与研究》子课题研究报告。

2. 编写《幼儿园礼仪小儿歌》，供幼儿日常学习。

3. 整合小班、中班、大班不同年龄段幼儿的学习内容，分类制订相应的学习计划。

4. 公众号、视频、音频推送汇总，儿歌音频投入校园广播站。

快乐进餐礼仪相伴——济南市经五幼教集团经驿分园传统文化润德教育（一）

https://mp.weixin.qq.com/s/iIHbxNw1kqsTNFm9XcNxkQ

"民以食为天，食以礼为先。"小小的餐桌，传承了中华民族的文明礼仪和尊重劳动、珍惜粮食、勤俭节约的传统美德。餐桌文明是社会文明的缩影。进餐对于每个人来说都是一件非常重要的事情，我们设计了"用餐礼仪之星"调查表，让孩子们与父母一起学习用餐礼仪的相关知识。

通过学习和讨论，孩子们了解了用餐前需要做哪些准备，有什么样的进餐规则以及餐后如何整理，怎样做才能成为光盘小明星。

孝道根植幼心，传承中华美德——济南市经五幼教集团经驿分园传统文化润德教育（二）

https://mp.weixin.qq.com/s/fE_NM53JBwWOrxV_vl365Q

"孝"源于心，"德"育于情。"百善孝为先。"孝敬长辈，是中华民族的传统美德，是祖辈传承下来的宝贵精神财富。为弘扬中华民族优秀传统文化，让传统美德深入孩子们的心灵，我们班以"孝德"文化为主题，以弘扬孝道为出发点，启发幼儿萌生孝敬之心。

"香九龄，能温席。孝于亲，所当执。"观看《黄香温席》的经典故事，让孩子知道要孝敬父母。孩子们有的用灵活的双手制作了满怀爱意的礼物送给爸爸妈妈，有的为家人做了力所能及的事情，帮助爸爸妈妈分担家务。

幼学礼仪，童蒙养正——济南市经五幼教集团经驿分园传统文化润德教育（三）

https://mp.weixin.qq.com/s/HhCxaulmEIUBUb-vqH8XHQ

俗话说："少成若天性，习惯成自然。"中华民族是礼仪之邦，中国人以礼节著称于世。为了更好地传承中华礼仪文明，我们开展了"幼学礼仪，童蒙养正"的润德教育。我们的故事从"你好"开始，一句问候，拉近彼此的心灵，文明礼仪之花开始萌芽。

勇敢伴我行，品格润心田——济南市经五幼教集团经驿分园传统文化润德教育（四）

https://mp.weixin.qq.com/s/JpaAwAwA9meW6GmkpgbOag

在中国儒家伦理中，勇敢是"三大德"（智、仁、勇）之一。自古以来，传扬勇敢精神的故事颇多，如盘古开天、精卫填海、后羿射日等都展现出古人英勇无畏的精神。

礼润童心，尊师重道——济南市经五幼教集团经驿分园传统文化润德教育（五）

https://mp.weixin.qq.com/s/4Jkmc0Gwb_-GHyQlmWrl6A

尊师重道是中华民族的优良传统，早在公元前 11 世纪的西周时期古人就提出"弟子事师，敬同于父"的观点。本期的"传统文化润德"教育，我们将以"尊师重道传美德"为主题，弘扬尊师重教传统，引领幼儿感悟师爱。

孩子们通过自己的观察完成了"老师的一天"调查表，知道了尊师小故事《程门立雪》，还参加了当小老师、进行拜师礼的体验活动。

助人为乐，爱在心田——济南市经五幼教集团经驿分园传统文化润德教育（六）

https://mp.weixin.qq.com/s/7j33SeZtJRTpErT4tZ3Dbg

"赠人玫瑰，手有余香。"助人为乐是中华民族的传统美德。助人为乐、绘画、大带小等活动，让幼儿对助人为乐有了切身的体验。

传精忠报国志，星星火代代传——济南市经五幼教集团经驿分园传统文化润德教育（七）

https://mp.weixin.qq.com/s/ku6ahM-T5cg4nBKuEomBXA

家国情怀是中华民族几千年来的优秀传统美德，深入每一位中华儿女的内心深处。了解英雄，就是了解历史；了解历史，就是帮助幼儿萌发爱国情感的最佳契机。通过生动的故事，老师带领孩子们认识了更多像岳飞这样的英雄。

幼儿们读绘本，论英雄，绘红画，寻红迹，唱红歌，向我们伟大的祖国表达最真挚的爱意。

用礼仪沟通心灵，文明变成行动——济南市经五幼教集团经驿分园传统文化润德教育（八）

https://mp.weixin.qq.com/s/Fk7cOEWwGfYFDP3lkSc8DA

中国是一个有着五千年历史的文明古国，一个人的举手投足，无不体现出他的气质与素养。为了把文明礼仪的种子播撒到每一个孩子的心间，本期的传统文化润德教育将走进公共场所，带领幼儿进行一场有趣的文明礼仪之旅。

李卓凝的妈妈——羚羚老师，是山东航空公司一名优秀的工作人员。今天，她给中二班的孩子们带来了一堂别开生面的"公共礼仪"活动课。

回来以后小朋友们手绘了文明礼仪宣传画，向身边的老师和小朋友宣传公共场所的礼仪小知识，回家后与爸爸妈妈交流生活中需要注意的公共场所礼仪。

诚信守礼，浸润童心——济南市经五幼教集团经驿分园传统文化润德教育（九）

https://mp.weixin.qq.com/s/0VIK07VAO5FBln0GpLCokg

孟子曰："诚者，天之道也；思诚者，人之道也。"诚实守信是中华民族的传统美德，也是我们做人的基本准则。教师通过故事《一诺千金》，引导孩子树立"诚信无价"的价值观。

诚信绘本推荐：《这不是我的帽子》《比尔说了谎》《迟到的理由》《诚实和守信》《打破杯子的鼠小弟》。

子课题《传统中医药文化与乐活教育有机融合的实践研究》

一、研究背景

中草药是我国医学的宝贵财富，是我们健康的守护神，也是幼儿从小感受中华医药文化的好教材。中医药文化具有独特的魅力和吸引力。我们可以通过各种游戏、活动和体验，让幼儿感受到中医药的神奇和魅力。幼儿通过学习中医药文化，可以了解中医的理念，培养良好的生活习惯和健康的生活方式，提高自我保健意识，促进身心健康发展。但目前幼儿园中草药活动的开展存在以下问题：

1. 活动的开展缺乏趣味性，与幼儿实际生活相脱节。

2. 活动目标不够明确，方式单一。

3. 活动组织上没有充分利用教育资源。

二、研究意义

中医药文化是我国优秀传统文化的重要组成部分。弘扬传承中医药文化意义非凡。我国的中医药发展源远流长，中草药是其中重要的组成部分。传统中医药文化与乐活教育有机融合的实践研究，以幼儿的发展需求为导向，通过一日活动等多种形式，引导幼儿自主发现，学习探究，实践体验，了解中草药的知识。该活动不仅普及了中医药的知识，还让孩子们了解到中医药文化是我国的国粹，培养了幼儿的民族自信心。我们的研究力求在幼儿的心中埋下一粒种子，引领幼儿传承传统文化，弘扬中医药文化。

三、研究周期

第一阶段：启动阶段（2022.09～2022.12）

主要内容：讨论研究方案，梳理中草药以及药膳知识。

1. 组织课题组成员广泛学习，明确研究方向。

2. 根据所在城市地理特征及幼儿的年龄特征，梳理适合课程需要的中草药。

3. 初步开展活动，进行研究实践初探索。

第二阶段：实施阶段（2023.01～2023.12）

主要内容：以多种教育方法和活动形式融入幼儿一日活动。

1. 开展中草药系列课程，融入五大领域课程。

2. 家、园、社合作，积极吸纳社区、家长、专家等有效课程资源。

3. 培养良好的生活习惯和健康的生活方式，促进身心健康发展。

第三阶段：总结阶段（2024.01～2024.12）

主要内容：成果梳理，资源总结。

1. 充分梳理实践过程中的各种精彩课程，汇编成册。

2. 整理食育特色食谱、常见中草药、经驿中医配方并分类集册，在园内应用推广。

四、研究过程

（一）研究目标

1. 中草药的课程更具实践性，我们为幼儿创设可探索、可动手操作的环境，将主动权还给孩子，提高了幼儿的动手操作能力。

2. 结合幼儿年龄特征以及季节差异，引领幼儿主动探寻中草药的医用奥秘，了解常见中草药的功效及作用。

3. 帮助幼儿了解中医药文化，认识到中医药文化是我国的国粹。培养幼儿的民族自信心。在幼儿心中埋下一粒种子，引领幼儿传承传统文化，弘扬中医文化。

（二）研究内容及过程

1. 中草药微馆。

设立中草药微馆，将中草药文化与乐活课程相结合，让孩子们在认识、理解、操作中感知中医药文化，传承中医药文化。培养幼儿健康的生活方式，让中医药文化走进千家万户。在课题组长的带领下，我们研制出了经驿系列养生花草茶，有提神醒脑花草茶、健脾养胃花草茶和美容养颜花草茶，经常饮用对我们的身体大有益处。

2. 探百草之秘，寻百草之趣。

孩子们通过触摸和观察直观了解中草药，并尝试手工制作黏土中草药。活动激发了孩子们对新鲜事物的探索欲望，抓住了孩子们的关注点，吸引了孩子们的兴趣。我们还组织了"望闻知药性，中草药入画"活动。后期孩子们还会参与更多的有关中草药系列活动。

3. 别样药膳，乐享"食"趣。

我们幼儿园与"宏济堂"成为合作单位，定期进行讲座培训。我们将中草药融入每周的食育特色食谱，每周会推荐一种特色菜品，比如我园特制的滋养饮品——小吊梨汤，它是由雪梨、银耳、枸杞等多种中草药熬制而成。枸杞具有补肝明目、改善视力、预防近视的功效，银耳则可以提高身体免疫力。幼儿园利用一日三餐让孩子了解每日食谱中可以用到的中草药，让孩子在看一看、尝一尝、品一品中了解中草药的食用价值。

4. 虎鹿熊猿鸟，五禽惠身心。

五禽戏是东汉名医华佗创立的。户外活动时，孩子们模仿熊、虎、猿、鸟、鹿的动作锻炼身体。模仿不同动物的动作，能够让身体的各个部位得到很好的锻炼。为了更好地运用家、园合作的力量，我们引导家长们跟着孩子在家练习五禽戏，在健康养生的同时，还能增进亲子之间的感情。

5. 探秘百草园，收获新发现。

在幼儿园的百草园里自由探索时，孩子们用自己的方式探寻着中草药，原来每一株中草药的样子和味道都各不相同，各具特色。

6. 走进中医堂，邂逅中草药。

中草药对于小班的孩子来说比较陌生，为了给孩子们带来更好的游戏体验，前期我们和孩子们一起了解了中医的治病流程、方法、简单的原理以及中医工具的使用方法和作用，进一步丰富幼儿的相关经验。幼儿园参照现实生活中的中药馆，按照中医就医流程分设了挂号处、就诊室、熬药处和收费取药处小版块。游戏过程还衍生出与其他区域的联系与合作，欢快、愉悦的氛围增强了，幼儿对知识的掌握也牢固了。过程中幼儿还学会了饮食有节、自我保健等知识，获得了终身受益的生活经验。

7.融合教育，浸润童心。

将中草药融合到不同领域，让孩子在活动中获取新经验，了解新知识，习得新技能。

（1）健康领域。

将中医治未病的理念融入其中，帮助幼儿养成不过量饮食、荤素搭配的健康饮食习惯；孩子们在课堂上了解到山楂、金银花、薄荷、陈皮、生姜等常见中草药的作用和功效。

（2）语言领域。

组织朗读中草药绘本故事、儿歌比赛等活动，增加幼儿对祖国中医药文化的了解与兴趣。

（3）科学领域。

在科学活动中了解中医推拿的简单原理，即利用特定的手法，刺激相应的部位和穴位。中草药知识的学习来源于生活，服务于生活，为幼儿积攒了丰富的生活经验

（4）社会领域。

积极吸纳社区、家长、专家等有效课程资源，为课程的开展提供帮助。幼儿园开展"身边的中草药""古今中医药学家的故事"等系列活动，邀请家长和社区医生为孩子们简单讲解中医的治病流程以及中医治未病的理念。活动增加了孩子们对于中草药功效的了解，提升了幼儿的民族自豪感和文化认同感。

（5）艺术领域。

从身边熟悉的山楂和藕入手，幼儿尝试手工制作黏土中草药。活动激发了孩子们对新鲜事物的探索欲望，抓住了孩子们的关注点，吸引了孩子们的兴趣。

8. 本草工坊，不"童"凡响。

（1）花露艾意浓，清凉薄荷香。

孩子们在夏天常常被蚊子叮咬，了解了中草药知识后，他们尝试用薄荷、金银花、艾叶制作驱蚊水，并愿意主动与他人分享自己的驱蚊产品，感受中草药的神奇以及友好分享的乐趣。

（2）淡淡百草香，中药入童心。

香、药同源，许多草本植物都含有丰富的挥发油，可以通过散发在空气中的香味驱赶蚊虫，让我们更加舒适自在。在丰富多彩的活动中，幼儿将学到的中草药知识运用到生活中，延伸到家庭及社区，带动更多的人关注、热爱祖国的中草药文化。

（3）童话冬日，橘言"蜜"语。

孩子们通过实际操作、直接感知，掌握了制作陈皮的方法，在制作陈皮和烤橘子的活动中，同时也感受到了中医的博大精深，增进了对于中华传统文化的了解，潜移默化中受到了文化的熏陶。

（4）童心百草趣，浸润家国情。

通过情景舞台剧引导孩子们进一步接触、了解中医药文化，进而热爱中医养生文化，养成顺应自然、尊重自然、起居有常、饮食有节的良好生活习惯，形成健康的价值观和人生观。

（三）家园共育

家园共育是推进园本课程开展、提升教育教学质量的重要举措。家长和孩子们一起探寻与中草药有关的材料、实物、标本并完成了"中草药小调查"，同伴之间互相学习，认识更多的中草药，了解其药用价值。我们借助家长资源为孩子创造学习和成长的机会，引领幼儿通过实践感知中草药的神奇之处，家园共同练习五禽戏，增加亲子之间的情感。

五、发展规划

（一）认识一味中草药

1. 小班：

（1）幼儿了解一些常见中草药，如甘草、菊花、枸杞等，并讲解它们的疗效和特点。

（2）了解中草药的味道。通过品尝中草药茶，让幼儿了解中草药的味道，同时向他们讲解中草药对于身体健康的好处。

（3）了解中草药的形状和颜色。幼儿了解中草药的形状和颜色，学习辨认不同的中草药。

2. 中班：

（1）中草药种植：我们在幼儿园的百草园种植一些容易养活的中草药，如甘草、菊花等，让幼儿了解植物的生长过程，并观察它们的生长状况。

（2）中草药制作：制作中草药玩具，开展中草药游戏，让幼儿在游戏中学习知识，比如用甘草泡水玩变色游戏等。

3. 大班：

（1）中草药的应用：介绍一些常见中草药的应用，如泡茶、熬汤、外敷等，让幼儿了解中草药的用途。

（2）中草药文化：介绍一些与中草药相关的文化知识，如中医理论、草药传说等，让幼儿了解中草药的传统文化背景。

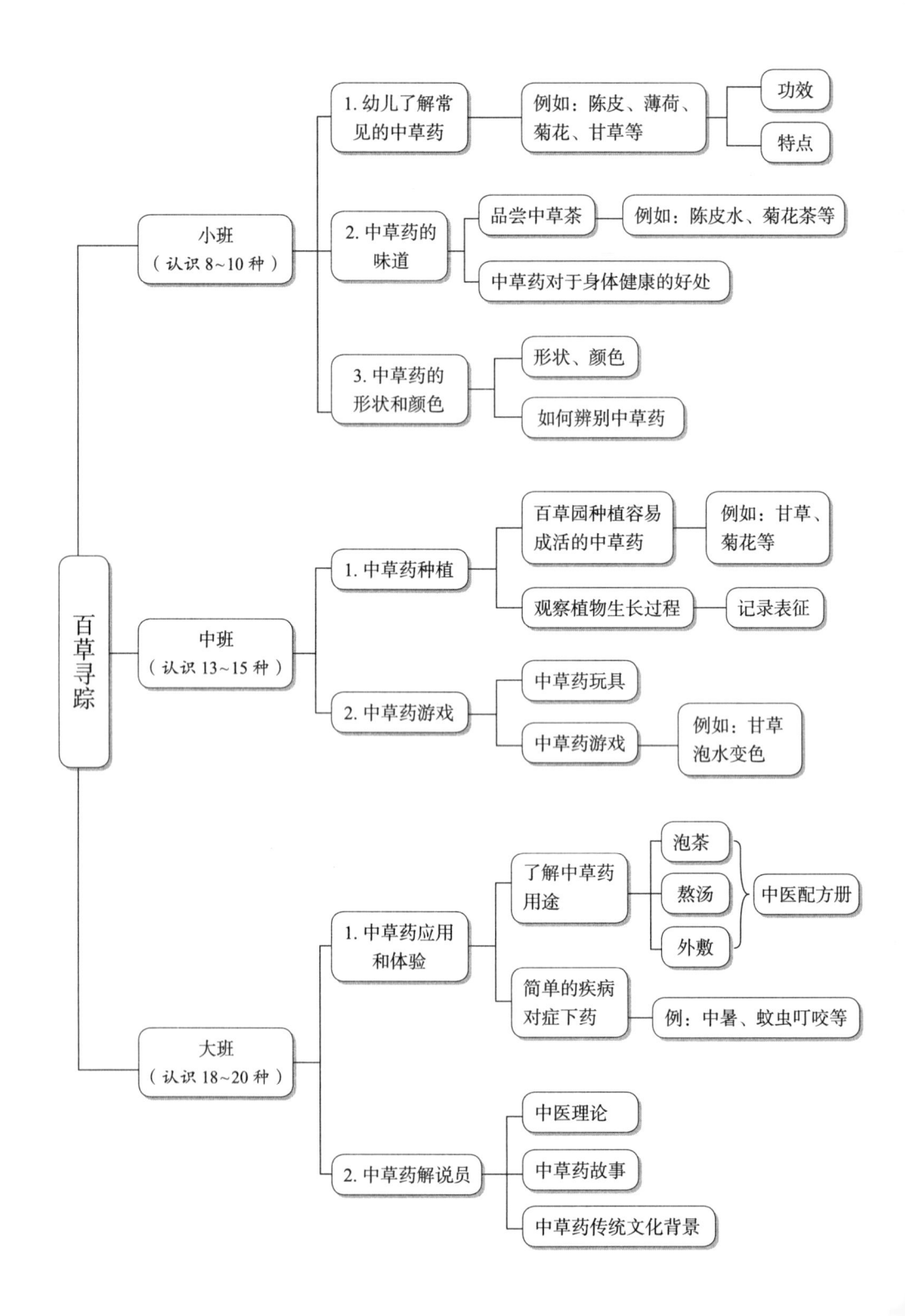

```
                                    ┌─ 1.幼儿了解常见的中草药 ─── 例如：陈皮、薄荷、菊花、甘草等 ─┬─ 功效
                                    │                                                         └─ 特点
          ┌─ 小班          ─────────┤                      ┌─ 品尝中草茶 ─── 例如：陈皮水、菊花茶等
          │  （认识8~10种）          ├─ 2.中草药的味道 ─────┤
          │                         │                      └─ 中草药对于身体健康的好处
          │                         │                      ┌─ 形状、颜色
          │                         └─ 3.中草药的形状和颜色┤
          │                                                └─ 如何辨别中草药
          │
          │                                            ┌─ 百草园种植容易成活的中草药 ─── 例如：甘草、菊花等
  百      │                         ┌─ 1.中草药种植 ──┤
  草      ├─ 中班          ─────────┤                 └─ 观察植物生长过程 ─── 记录表征
  寻      │  （认识13~15种）        │                      ┌─ 中草药玩具
  踪      │                         └─ 2.中草药游戏 ──────┤
          │                                                └─ 中草药游戏 ─── 例如：甘草泡水变色
          │
          │                                                ┌─ 泡茶
          │                         ┌─ 了解中草药用途 ────┼─ 熬汤 ─── 中医配方册
          │                         │                      └─ 外敷
          │         ┌─ 1.中草药应用和体验 ──┤
          │         │                       └─ 简单的疾病对症下药 ─── 例：中暑、蚊虫叮咬等
          └─ 大班   ┤
             （认识18~20种）                                ┌─ 中医理论
                    │                                      │
                    └─ 2.中草药解说员 ─────────────────────┼─ 中草药故事
                                                           │
                                                           └─ 中草药传统文化背景
```

（二）百草园种植

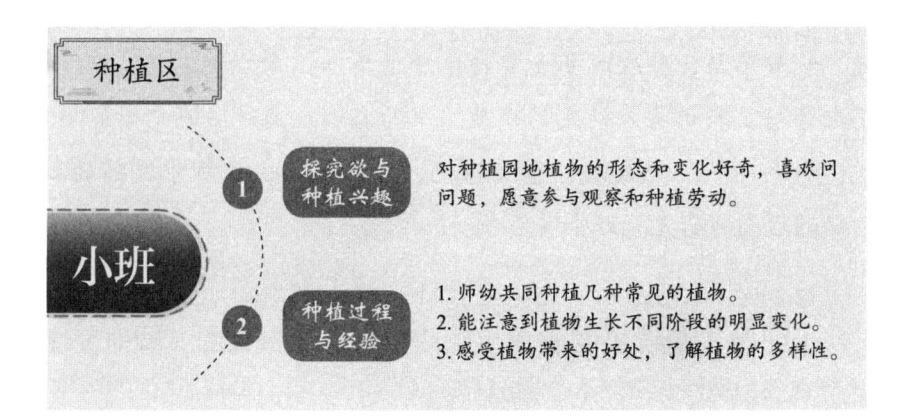

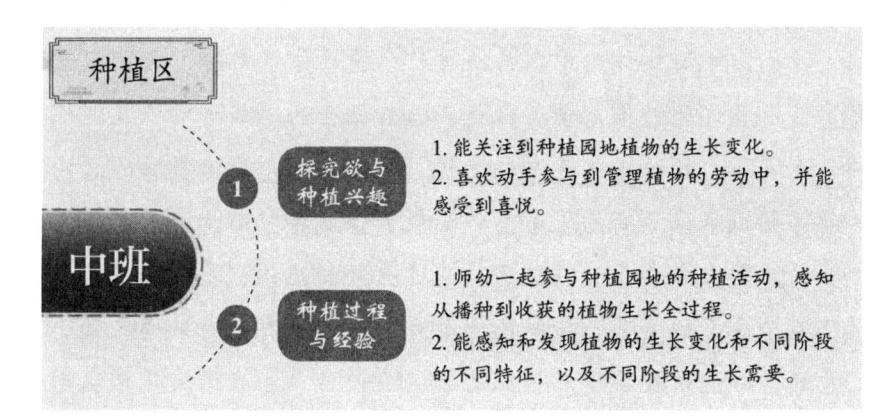

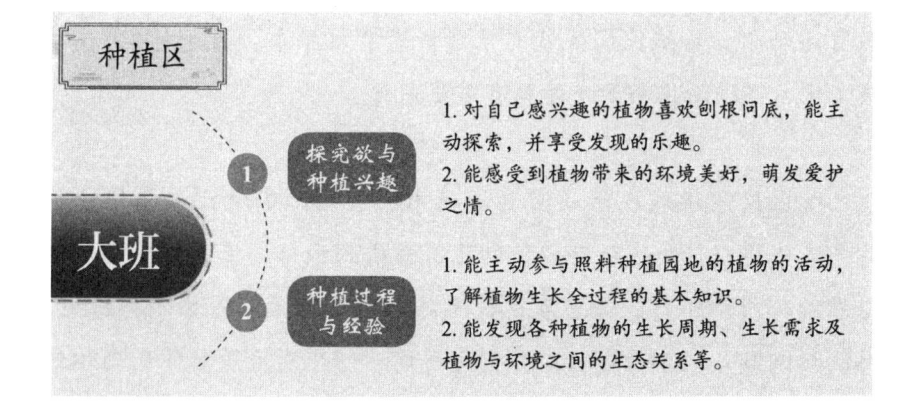

种植区

小班

1. 探究欲与种植兴趣：对种植园地植物的形态和变化好奇，喜欢问问题，愿意参与观察和种植劳动。

2. 种植过程与经验：
   1. 师幼共同种植几种常见的植物。
   2. 能注意到植物生长不同阶段的明显变化。
   3. 感受植物带来的好处，了解植物的多样性。

种植区

中班

1. 探究欲与种植兴趣：
   1. 能关注到种植园地植物的生长变化。
   2. 喜欢动手参与到管理植物的劳动中，并能感受到喜悦。

2. 种植过程与经验：
   1. 师幼一起参与种植园地的种植活动，感知从播种到收获的植物生长全过程。
   2. 能感知和发现植物的生长变化和不同阶段的不同特征，以及不同阶段的生长需要。

种植区

大班

1. 探究欲与种植兴趣：
   1. 对自己感兴趣的植物喜欢刨根问底，能主动探索，并享受发现的乐趣。
   2. 能感受到植物带来的环境美好，萌发爱护之情。

2. 种植过程与经验：
   1. 能主动参与照料种植园地的植物的活动，了解植物生长全过程的基本知识。
   2. 能发现各种植物的生长周期、生长需求及植物与环境之间的生态关系等。

六、预期效果

在后续开展的活动中,我们将及时汇总有效策略,积极地带动家、园、社齐参与,整理收集食育特色食谱集和五禽戏视频集、经驿中医药配方册。我们将以幼儿的发展需求为指引,通过一日活动等多种形式,引导幼儿自主发现,学习探究,实践体验,了解中草药的知识,为课题后期的研究打好坚实基础。

子课题《传统民间游戏与乐活教育有机融合的实践研究》

一、研究背景

特色民间游戏作为中华传统文化的重要组成部分,具有很好的教育价值以及文化传承价值。但是,随着社会的不断进步以及现代技术的飞速发展,传统文化逐渐被忽视。与此同时,乐活教育概念的提出为教育领域带来了新的思考。乐活教育强调学习与生活的融合,注重培养幼儿的综合素养和创造力,通过引领幼儿积极参与各种活动促进幼儿各个方面的发展。传统民间游戏与乐活教育具有相通之处。为了儿童的身心健康发展以及传统文化的有效传承,我们幼儿园主动探索特色民间游戏与乐活教育的有机结合,将传统民间游戏应用到幼儿园教育活动中。传统民间游戏与乐活教育有机融合,对于传承和弘扬传统文化、促进幼儿全面发展具有重要意义。

二、研究意义

特色民间游戏在乐活教育活动中的应用,不仅可以使传统游戏、传统文化得以传承,还可以使幼儿身体得到锻炼,促进幼儿身心发展,培养幼儿团结协作、语言表达、思维转换等各方面能力。把传统民间游戏与民俗文化、幼儿室内外自主游戏、幼儿园主题教学活动相结合,在多样化的活动中合理、有效地打造儿童视角的特色传统民间游戏,实现传统民间游戏与现代游戏的整合,将会为幼儿的可持续发展奠定基础。

1. 促进文化传承和民族认同：引导幼儿体验传统民间游戏，可以增强他们对各民族不同文化底蕴的感受，从而培养幼儿的民族自豪感和文化认同感，促进传统文化的传承和弘扬。

2. 形成特色课堂体系：在幼儿自主探索中形成全园畅玩民间游戏的新局面，有助于形成具有园本特色的游戏课程体系。

3. 促进幼儿综合素养的提升：逐渐形成具有园本特色的游戏课程体系，引导幼儿在玩乐中汲取传统文化的精华，促进幼儿综合素养的提升和个性的发展。

三、研究周期

第一阶段：启动阶段（2022.09～2022.12）

主要内容：讨论研究方案，梳理传统民间游戏资源库。

1. 组织课题组成员广泛学习，明确研究方向。

2. 家、园合力，广泛搜集、整理适合在幼儿园开展的传统民间游戏。

3. 初步开展活动，进行民间游戏研究实践初探索。

第二阶段：实施阶段（2023.01～2023.12）

主要内容：全面启动课题研究，开展实践研究，将民间游戏融入幼儿的一日生活中。

1. 设置特色民间游戏馆，梳理传统民间游戏资源库。

2. 教师敏锐地捕捉幼儿的兴趣点和最近发展区，提供必要的材料支持。

3. 投入不同层次、不同种类游戏材料，引发幼儿以物代物的游戏方式；在不同时段开展不同形式的民间游戏，引导幼儿在实践过程中创新玩法，增强合作，提升综合能力。

第三阶段：总结阶段（2024.01～2024.12）

主要内容：成果总结，资源梳理。

1. 充分梳理实践过程中的各种精彩课程，汇编成册。

2. 整理收集民间游戏，制作室内外民间游戏玩法手册，在园内应用推广。

四、研究目标

1. 引导幼儿体验传统民间游戏，带给他们身临其境的乐趣，让幼儿在亲身参与中感受传统游戏的魅力，增强对各民族不同文化底蕴的感受，培养对传统文化的浓厚兴趣和认同感。通过游戏体验，幼儿能够更加深入地了解并体验到传统文化的魅力，从而增强民族自豪感和文化认同感。

2. 以点带面，以大带小，在幼儿自主探索中形成全园畅玩民间游戏的新局面。游戏中赋予幼儿更多的自主权和参与权，激发他们对传统游戏的兴趣和热情，促进全园范围内特色民间游戏的传播和推广。

3. 引导幼儿在玩乐中汲取传统文化的精华，逐渐形成具有园本特色的游戏课程体系。幼儿园持续不断地开展特色民间游戏活动，并将其融入到课程体系中，使得传统文化在幼儿园教育中得到有机融合和深入传播，为幼儿创造更加丰富、有趣和具有民族特色的游戏体验，从而促进幼儿综合素养的提升和个性的发展。

五、研究过程

（一）研究内容

秉承培育"乐活儿童"的理念，家、校、社三方合力挖掘传统民间游戏的教育价值。将传统游戏、民俗文化融入幼儿一日生活，激发幼儿玩乐的兴趣。研究过程中，我们结合现代教育理念和游戏元素，不断投入不同层次、不同种类的游戏材料，创新传统民间游戏，设计出具有创新性和吸引力的传统游戏活动，培养幼儿的文化认同感和多元文化意识。幼儿园在不同时段开展不同形式的民间游戏，在实践过程中以点带面，以大带小，增强不同年龄阶段幼儿的合作意识，形成"乐活民游"的新局面。

（二）研究过程

1. 班级环境创展"民游"。

环境建设是隐形的教育资源，能在潜移默化中激发幼儿主动学习的意愿，彰显隐性的育人价值。我们在班级内主题墙展示关于传统民间游戏的种类及传统玩法，班级内专门创设传统民间游戏区，并投放多元材料，引发幼儿了解传统民间游戏的兴趣。

2. 户外"民游"欢乐行。

将民间游戏与户外自主游戏相结合，通过环境创设、材料投放、教师支持等方式引导幼儿在畅玩、创玩、挑战玩民间游戏中获得身心的全面发展。我们鼓励幼儿自主选择游戏，自主参与游戏，自主管理游戏，化身为游戏的真正主角，玩乐在其中，使民间游戏与幼儿活动紧密结合在一起。

3. 室内"民游"大探索。

教室也可以成为孩子们体验民间游戏的主阵地。民间游戏内容丰富、形式多样，有的是可以徒手进行的，有的只需要十分简单的材料，如一粒石子、一根绳子等。这些简单、不起眼的小材料可以成为孩子们游戏的玩具，让孩子们在玩乐中体验民间游戏的大乐趣。

4. 家园互动助力"民游"。

为了帮助幼儿更好地了解传统民间游戏，我们将中华优秀传统文化根植于日常游戏中，通过家、园合作玩民间游戏，让家长和孩子共同体验传统民间游戏带来的乐趣，体验传统民间游戏的魅力。

5. 自主创新多元化材料。

为了改变传统民间游戏玩法单一的现状，我们向幼儿提供多元化材料，鼓励幼儿进行游戏创新。幼儿自主选择材料，快乐游戏，自由创新。

6."民游"材料大制作。

我们将民间游戏融入五大领域以及家、园共育中，带领孩子们动手制作鸡毛毽子，增加孩子们对民间游戏的兴趣。同时我们还开展了亲子大制作活动，幼儿跟爸爸妈妈一起制作沙包。

7."民俗"环境润童心。

环境是重要的教育资源，环境的创设和利用有效地促进了幼儿的发展。在幼儿园的走廊中，我们根据现阶段的民间游戏内容创设了介绍游戏玩法的展板。

8.家园互动快乐体验。

为了更好地推广传统民间游戏，我们举办了以"其乐融融乐享民俗游戏"为主题的亲子运动会活动，为幼儿营造享民俗、乐游戏的氛围。亲子运动会中，教师、家长、幼儿聚在一起，欢乐享玩，共同体验了传统民间游戏的文化精髓，促进了家、园共育，以及家、园之间的和谐沟通。

六、年龄阶段教育规划

小班年龄特点：

小班学段的幼儿开始认同、接纳同伴与教师，模仿性强，对游戏材料和环境的依赖性较强，游戏中幼儿呈现出表现欲较强、能力较弱、角色意识不强、交往欲望较低、喜欢重复性动作和活动的特点。

中班年龄特点：

中班的幼儿正处在兴趣增广、爱创新的思维活跃期。传统民间游戏具有规则简单易懂、形式多样、不受时间与场地限制的特点。在幼儿园一日生活环节中，传统民间游戏在集中教学、区域环节及过渡环节都占有一定比重，在促进幼儿身体素质、思维、语言的发展上有着独特的作用。

大班年龄特点：

大班的幼儿，其动手操作、合作意识迅速发展。幼儿喜欢且善于和同伴游戏和交往，解决问题的能力进一步增强。幼儿游戏时的合作意识增强，并能按照自己的意愿主动选择游戏内容和伙伴，有计划地进行游戏，游戏过程中也能遵守游戏规则，并能自己处理游戏中出现的纷争。

民间游戏作为幼儿感兴趣的一种游戏形式，对幼儿的成长具有多方面的价值。在前期课题深入开展的过程中，我们针对不年龄阶段幼儿的特点进行了多次形式不同的课题研究活动。班本化课程的组织实施，充分利用、整合了本班幼儿、教师、家长、社会等资源，遵循了满足本班幼儿发展需要的原则。

在后期我们将继续大力开展户外民间体育游戏和室内益智类、语言类的民间传统游戏。同时我们将对前期进行的传统民间游戏成果进行汇编成册，继续带领孩子们挖掘民间传统游戏资源，感知传统文化的魅力。

三、教育部新时代领军教师培养项目研究课题

开题报告

课题名称：《户外自主游戏中幼儿深度学习的实践研究》
一、选题依据
（一）选题来源及国内外研究现状分析

1. 选题来源。

随着学前教育的不断发展，幼儿的深度学习越来越被重视。《3～6岁儿童学习与发展指南》中指出，注重培养幼儿的学习品质和核心素养，理解幼儿的学习方式和特点，珍视游戏和生活的独特价值，创设丰富的教育环境，最大限度地支持和满足幼儿通过直接感知、实际操

作和亲身体验获取经验的需要。[1]《幼儿园保育教育质量评估指南》中指出,以游戏为基本活动,尊重理解并支持其有意义的学习。[2]

深度学习,是一种自主性的、理解性的、探究性的学习方式,是指在教师引领下,幼儿围绕具有挑战性的学习主题,全身心积极参与、体验成功、获得发展的有意义的学习过程。[3]而自主游戏是为了满足幼儿自身的兴趣与需要开展的游戏,强调教师信任幼儿,放手让幼儿自由选择,自主地把握游戏内容和游戏进程,玩自己的游戏。它本身所具备的开放性、探索性等特点与深度学习所指向的积极探索、知识建构、迁移运用等要素高度契合。[4]因此,自主游戏中自然生成的各项活动是促进幼儿深度学习的重要载体。

而随着课程游戏化理念的不断推进,一些片面的现象出现了:过于强调游戏的娱乐性、自发性,没有主动深入地探究行为,导致幼儿在游戏中的学习处于浅层状态,缺乏学习的有效性。对于3～6岁的幼儿来说,自由、自主、愉悦的游戏体验固然重要,但长期开放性、低水平的游戏状态易导致幼儿缺乏挑战的热情,幼儿在游戏经验积累、操作技能提升、思维能力发展、学习品质培养等方面缺乏有效支持。因此,我们需要深入探析幼儿有效学习的行为特征,接纳幼儿运用多种富有创造性的方式表达他们自己的观点和经验。[5]重新思考游戏的功能定位,对环境创设、游戏主题生发与组织实施的策略等关键要素进行深入探索,通过激发幼儿兴趣,使之产生较强的学习动机,以积极的态度沉浸在学习活动中,从而形成有价值的游戏化课程。[6]

2. 国内外研究现状分析。

国外研究现状:1976年弗伦斯·马顿和罗杰·萨尔乔在《学习的本质区别:结果和过程》一文中首次提出了深度学习的概念,认为采用深层方式进行学习的学生,往往具有"更有内在兴趣、注重理解、强调意义、集中注意于学习内容各部分之间的联系以及系统地陈述问题或概念的整体结构假设"等特征。随后,约翰比格斯等多位学者对深度学习进行了研究，他们的基本共识是浅层学习是对零散的、无关联的内容不加批判地机械记忆，学习内容脱离生活实际，与学习者以往的经验缺乏关联，学不致用。加拿大著名学者迈克尔富兰提出的如何在技术富有的社会中实现真实有效的教与学活动的"新教学论"，将目标指向通过深度学习促进幼儿能力、态度的改变，相信儿童会在游戏中创造出各种各样的表演方式。[7]

国内研究现状：2005年，黎加厚教授在《促进学生深度学习》一书中首次提出了深度学习的概念。2016年，华东师范大学学前教育与特殊教育学院学前教育系李季湄教授做了题为《深度学习——核心素养体系与幼教质量》的报告。北京师范大学的冯晓霞教授首次在中国学前教育研究会专题报告上把深度学习的概念引入到幼教领域，同时列举了青岛市实验幼儿园的案例。这个案例说明幼儿在游戏当中有深度学习的能力，这里面有批判性的思维，有同伴之间的沟通与有效的合作，有不断的建构新的经验、拓展知识和技能的能力，以及师幼互动对于幼儿如何感受自己和学习，以及学习什么和怎样学习，都有潜在的积极或消极的影响。[8]南京师范大学王海英教授在2019年"课程游戏化与幼儿深度学习的理论与实践"论坛上做了"幼儿园一日生活中的深度学习"的主题报告，用"关联（由此及彼）—拓展—迁移（活性知识）—应用"这四个关键词来概括深度学习，幼儿的深度学习已经引起了学前教育界的广泛关注。

（二）选题的研究意义（含理论与实践意义）

理论意义：本课题的研究，既是对教育教学规律的尊重，也是对幼儿自主游戏中深度学习的回应。深度学习的理论价值不仅仅是让幼儿在直接感知、实际操作和亲身体验中获取经验，更是让幼儿在自主游戏中全身心地投入，去探索、发现、解决问题，提升学习的思维能力，增强深度学习的自主性，不断积累学习经验，从原有水平向更高水平发展。

实践意义：户外自主游戏环境给予幼儿充足的游戏活动时间和空间，满足幼儿游戏的需要，激活幼儿思维，实现"自主游戏—学习活动—自主游戏"的轮动，引发幼儿的深度学习。帮助教师树立明确清晰的目标意识，寻找幼儿户外自主游戏中新的教育生长点，学会有目的地观察、解读和分析儿童，选择适宜的教育策略，有效地助推和支持幼儿的深度学习，以促进游戏与课程的融合。

二、研究方案

（一）研究内容、研究目标和拟解决的关键问题

1. 研究内容。

（1）创设富含问题情境的户外自主游戏环境。

自发、自由、自主的游戏环境能促使幼儿在游戏中呈现出不同领域的发展和创造。我们坚持游戏环境开放式规划，游戏材料多元利用，环境资源开发共享，满足幼儿在游戏中深度学习的资源需要。让自主游戏"活"起来，"乐"起来，"兴"起来。

（2）户外自主游戏中生成活动，促进幼儿深度学习。

生成活动是幼儿根据自身生活经验和兴趣需要，确定活动的主题，并以该主题为中心加以扩散的过程。这一过程具有高度的动态性、灵活性和开放性，以幼儿思维模式为参照挖掘他们的发展潜能，重视幼儿在游戏过程中产生的疑惑，尊重幼儿的个体差异，使幼儿在生成性的游戏活动中放大自身的闪光点，展现课程的自由性和趣味化。

（3）完善的活动评价机制促进幼儿深度学习。

借助活动评价，让幼儿对自己的学习行为有客观的认识，为后续的游戏学习做好铺垫。综合性评价和过程性评价相结合，借助观察、谈话等方式，了解幼儿的思维发展模式。结合深度学习理论，分析影响幼儿学习的具体因素，全面考虑幼儿的游戏态度、表现能力、经验积累和随机应变能力，引导他们制订下一个自主游戏的学习目标，有效推动幼儿的深度学习。

（4）丰富完善游戏课程。

以儿童为原点建构自主游戏园本课程，引导幼儿在感受、体验、操作、探索、交往中深度学习。每月进行教育故事、观察记录交流分享，优选优秀游戏案例，探索适宜幼儿并能促进其自主学习、深度发展的自主游戏新样态，丰富、完善游戏课程。

2. 研究目标。

（1）通过探索与研究，为幼儿园户外自主游戏中幼儿深度学习提供一套切实可行、有效的策略，助推幼儿在自主游戏中的深度学习。

（2）促进幼儿学习态度、学习方式的转变，在游戏中运用高阶思维，提升自我经验建构的能力，实现深度学习。

（3）激活教师在户外自主游戏中的组织、支持与思辨能力，提升教师的专业素养。

3. 拟解决的关键问题。

如何在幼儿园户外自主游戏活动中有效促进幼儿的深度学习，是本课题拟解决的关键问题。

为促进幼儿户外自主游戏中的深度学习，我们坚持问题导向，以丰富自主游戏资源为主导，以科研、实践为主线，引导幼儿在自然且富有挑战性的户外自主游戏环境中进行积极主动的合作探究、思考创造、表达分享，从而促进幼儿实现从低水平的练习性游戏到高水平的创造性游戏、从纯粹的玩到玩中学的转变，提升幼儿解决问题的能力，促进幼儿高阶思维的发展及良好学习品质的形成。

（二）拟采取的研究方法（技术路线、实验方案）及可行性分析

1. 研究方法。

（1）**行动研究法**：充分利用幼儿园户外游戏场地资源，根据资源特点创设相应的游戏场地，以真实的户外自主游戏情境作为研究样本，在幼儿户外自主游戏中形成幼儿深度学习的实践策略。

（2）**案例分析法**：跟进孩子的游戏进程，记录孩子的游戏故事，

撰写游戏案例，深度解读幼儿游戏的游戏表征及游戏行为，滋生深度学习生长点。以点带面，不断地摸索、整理出相应的理论和实践经验，促进课题的深入开展。

（3）观察记录法：游戏过程中，教师进行现场的观察与记录，并随时进行拍照或录制游戏视频，便于回放、解读、分析幼儿的游戏行为，有效推进幼儿游戏的发展。

（4）经验总结法：根据开展幼儿户外自主游戏中深度学习的具体情况，进行归纳与分析，使之系统化、理论化，促进幼儿户外自主游戏中深度学习经验的形成。

2. 技术路线。

户外自主游戏中幼儿深度学习的实践研究

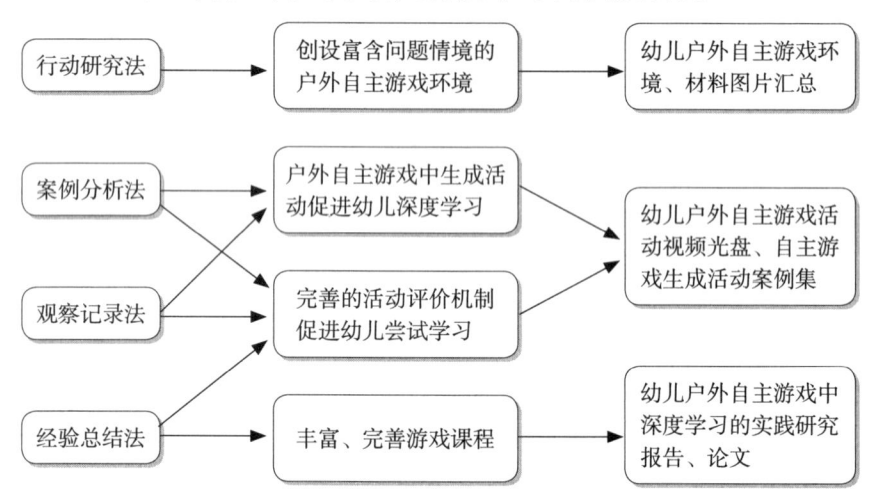

方法	内容	成果
行动研究法	创设富含问题情境的户外自主游戏环境	幼儿户外自主游戏环境、材料图片汇总
案例分析法	户外自主游戏中生成活动促进幼儿深度学习	幼儿户外自主游戏活动视频光盘、自主游戏生成活动案例集
观察记录法	完善的活动评价机制促进幼儿尝试学习	
经验总结法	丰富、完善游戏课程	幼儿户外自主游戏中深度学习的实践研究报告、论文

3. 可行性分析。

（1）我园拥有德高业精的师资团队。目前，我园有由山东省特级教师、齐鲁名师、山东省教学能手、济南市C类高层次人才组成的优秀教师团队，教师队伍不仅师德优秀，还具有较高的理论和科研素养。

（2）有引领发展的专家团队。我们的理论导师为北京师范大学李敏谊教授，实践导师为北京市西城区三教寺幼儿园王岚园长，导师们将给予理论与实践方面的具体指导与帮助，助力我园课题研究的顺利开展。

（3）我园（济南市市中区经驿幼儿园）传承了总园（济南市经五路幼儿园）70余年的优良科研传统，有较强的科研能力和浓厚的科研氛围。

（4）本课题在理论方面切实可行，研究方法和技术路线科学可靠，可以操作。在理论导师和实践导师的引领下，课题组能保证研究目标的顺利实现。

（三）研究的特色与创新之处

本课题的最大创新之处在于，教师在立场上从成人本位走向儿童中心，在发生上从重预设走向重生成，在内容上从教材主义走向实验主义。

创新之处还在于形成以学定教理念引领下的"自主游戏三部曲"，即游戏前计划，游戏中自主，游戏后分享。重视幼儿自发性游戏生成活动的价值，根据游戏中自然生发出来的创新点、分享游戏时提出的困惑点适时开展活动，为幼儿的深度学习提供支持。在游戏前，教师为幼儿自发性游戏做好时间、物质、经验准备；在游戏中，教师敢于放手，捕捉教育契机，寻找教育生长点，使幼儿以主动性、探究性、理解性的方式投入游戏活动，实现从"浅层学"到"深度学"的过渡；游戏后，老师进行分享与表征，使幼儿能验证所获经验并运用于之后的游戏。游戏过程体现了"游戏生成教学，教学反哺游戏"的教育理念，促进幼儿深度学习的同时，实现了游戏与教学的相互融合。

（四）研究基础和已具备的工作条件

课题负责人王倩曾荣获山东省特级教师、齐鲁名师、山东省教学能手、济南市C类高层次人才等荣誉称号，被聘为山东省教科院学前教育兼职教研员、山东省远程研修工作坊主持人，参与并完成了"十五""十一五""十二五"的省级规划课题、"十三五"市级课题、省级"十四五"子课题和区级"十四五"课题的研究。经验丰富的课题负责人，是本课题有效开展的有力保证。

结合"十五"课题，幼儿园成功创建了三大网络平台，即"宣传平台""办公平台""家园通平台"；"十一五"课题对三大平台进行了更为深入细致的研究、探索和使用，幼儿园在此基础上成功出版了《信息时代的教育智慧》一书；"十二五"课题将信息技术的应用提升为数字化校园建设，幼儿园启用了可同时依托网络平台和手机客户端的信息化管理平台；"十三五"课题将互联网运用到幼儿园工作的方方面面，幼儿园利用互联网架起的立交桥，最终实现教育过程的全面信息化；参与省级"十四五"课题《幼儿自主游戏的信息化支持策略研究》的子课题《自主游戏前课程主题资源生成的智能化研究》，聚焦教育信息化与幼儿自主游戏的多方联动，依托物联网技术，创设智能化游戏环境，助力幼儿自主游戏发展；主持区级"十四五"课题《中华优秀传统文化与乐活教育有机融合的实践与研究》，将抽象的传统文化知识转换为儿童可感知和实践的乐活课程内容，积极探索建构多感官参与的"浸润式"学习路径，生成幼儿园传统文化教育的活动路径和课程资源。

我园依托优质教育资源，围绕"以和爱之心、享自然之美、育乐活儿童"的办园理念，走"乐活儿童"的特色发展之路，积极开展乐于探索、乐于求知、乐于生活的乐活课程，促进幼儿在自主探索中启迪智慧，健康成长。

2023年4月，我园积极承办"深耕细研，游慧分享"——济南市自主游戏"三部曲"之"游戏后的支持策略"主题研讨会，力争在自主游戏实践中突破局限，创新发展，解决问题，促进教研，形成分享新范式。

2023年5月，我园积极承办"倾听童趣童思，游戏相伴成长"——市中区"爱上户外游戏节"暨"山东省游戏活动实验区"幼儿园开放观摩活动。本活动以"野趣""多元""专注""深度""自然""融合"为主题，呈现了市中区"山东省游戏活动实验区"研究成果。

在活动中，我园教师能将先进的教育理念转化为与孩子高效互动的教育行为，促进了自身的专业化发展，提高了幼儿园保教工作的科技含量。幼儿发展了，老师专业水平提高了，家长满意了，幼儿园的办园水平进一步得到提升。我园将继续依托优秀教育资源，将其与乐活教育理念有机结合，逐步完善园本游戏课程体系，树立起我园优质学前教育的品牌形象。

起止日期	主要研究内容	预期结果
2023.06～2023.09	组建研究团队，围绕总课题方案，研究分解子课题并制订子课题方案；依据子课题方案，启动研究，撰写子课题研究报告	形成总课题及子课题研究报告
2023.10～2025.08	围绕子课题扎实有效地开展研究；课题研究实施过程中有培训，拍照组成员对实施过程做详细记录（包括文字记录、摄影记录）；每学期进行阶段研究成果梳理和总结，并撰写阶段研究报告	幼儿户外自主游戏环境、材料图片册；幼儿户外自主游戏生成活动案例集汇编成册；幼儿户外自主游戏活动视频集
2025.09～2025.12	组织整理与本课题研究相关的文字、照片、录像等各种资料，撰写课题研究论文，制作自主游戏生成活动案例主题集锦。邀请专家指导，梳理典型案例，提炼典型经验，撰写课题研究报告和工作报告，做好结题的其他各项工作	形成总课题及子课题研究报告；幼儿自主游戏活动环境材料图片册汇总；户外自主游戏活动视频光盘；户外自主游戏生成活动案例集；户外自主游戏促进幼儿深度学习的实践研究报告；发表户外自主游戏活动促进幼儿深度学习的相关论文

第四部分

优质课例，引领教师深度发展

一、科学领域《动物之间的联络》活动设计

❖ 本节活动课获 2008 年山东省优质课一等奖

活动名称： 动物之间的联络　　　**班　次：** 大班
活动领域： 科学　　　　　　　　**执教人：** 王倩
设计意图：

科学活动《动物之间的联络》，选自新省编教材大班上册第六主题的内容。动物世界奇妙无穷，幼儿对动物充满了喜爱与好奇之心。他们愿意接触动物，了解动物，探索动物世界的奥秘。此教学活动以小鸟可以用叫声联络伙伴为切入点，引发幼儿主动探索动物间联络方式的欲望，培养幼儿探索、发现科学问题的能力，激发幼儿热爱大自然、关爱动物的情感。

活动目标：

（一）了解动物传递信息的多种方式。

（二）提高观察、分析及口语表达能力。

（三）学习、了解动物主要通过声音、行动和气味三种方式传递信息。

活动分析：

重点：了解动物主要是通过声音、行动和气味三种方式传递信息。

难点：了解动物运用气味的联络方式。

活动准备：

知识：课前请幼儿搜集有关动物间联络方式的知识。

物资：各种动物的图片、展板、头饰、课件等。

活动过程：

（一）导入：激发兴趣，引出主题。

1. 教师口技表演（小鸟叫声），激发兴趣。

过渡语：小鸟虽然不会说话，但它可以用叫声来联络伙伴，那你们想知道其他动物是怎么联络伙伴的吗？今天我带来了动物交流联络时的录像，让我们一起看一看。

2. 观看两种动物之间的联络方式，引出主题。

提问：蜘蛛遇到危险时，是怎样联络伙伴的？

蜜蜂是怎样跳舞的？我们一起来学学。（摇摆舞，八字舞）

你知道其他动物是怎样联络的吗？

过渡语：动物之间的联络方式有很多很多，下面就请小朋友和你的小伙伴边看大图片边交流讨论其他动物都是怎样联络的。

（二）展开：了解动物的三种主要联络方式。

1. 幼儿自由观看、讨论动物图片，发现、学习。

2. 引导幼儿了解动物常用的三种联络方式。

（1）幼儿交流自己知道的动物的联络方式。

（2）在幼儿充分讨论的基础上，教师进行动物联络方式的归类。

A. 通过模仿动物叫声，引导幼儿了解动物的"声音"联络方式。

B. 观看蚂蚁联络动画，引导幼儿了解"行动"联络方式。

C. 演示科学小试验，引导幼儿了解"气味"联络方式。

3. 幼儿操作图片，练习巩固。

（1）幼儿每人自由选择一张动物图片，与同伴相互交流联络方式。

（2）幼儿根据自己的判断，将手中的图片贴到相应的板子上。

（3）教师带领幼儿一起检验操作结果。

4.开阔视野，大致懂得动物与人类的关系。

（1）了解动物的其他联络方式。

（2）观看课件，知道动物的联络方式还能为人类做许多事情。

蝙蝠（超声波联络方式）——发明了雷达

海豚（超声波联络方式）——对治疗脑瘫患儿非常有效

狗（很多动物像狗一样具有两种或三种的联络方式）——搜救犬

（三）结束：表演动物的联络方式，自然结束。

设置情景，带领幼儿表演蚂蚁的"行动"联络方式，活动自然结束。

亮点分享：

本次活动的设计核心，是通过营造和谐的氛围让孩子自主地发现、探索，让孩子成为活动的主人。为了贯彻《纲要》精神和新课改的理念，我注重活动过程的科学性、针对性和有效性。

（一）声像结合，引出课题。运用现代多媒体手段，激发幼儿参与活动的兴趣。

（二）演示归纳，提升经验。探讨动物的三种联络方式，使幼儿零散的知识经验得以归纳提升。

（三）动手操作，主动学习。采用贴图片的形式，引导幼儿主动交流、探索，达到知识理解和内化的效果。

（四）联系生活，拓展思路。幼儿进一步懂得科学可以服务于生活，从而激发爱科学的意识。

二、语言领域《梨子小提琴》活动设计

❖ 本节活动为 2012 年参评山东省教学能手时的执教课例

活动名称：梨子小提琴　　　　　**班　次**：大班
活动领域：语言　　　　　　　　**执教人**：王倩

设计意图：

《梨子小提琴》是大班上册主题三《多彩的秋天》次主题二"秋情"中的一个故事。这一主题从"秋景""秋情""秋趣"三个层面入手带领幼儿走进多彩多姿的秋天。《梨子小提琴》主要以情感为切入点，教师将优秀的文学作品和经典音乐巧妙地融为一体，目的在于引导幼儿感受温馨的故事、柔美的意境和神奇与美妙的音乐。设计思路紧扣主题目标，以递进式的方法充分体现教学主旨。首先，采用灵活多样的分段讲述形式，在倾听、表演和续编中走进故事的美好意境中。其次，观看声画同步的动画片，进一步理解故事内容，感受音乐的神奇和美妙。最后，通过仿编故事、合作表演的形式，将整个活动推向高潮。高潮之后是推荐音乐环节。

活动目标：

（一）欣赏、理解故事内容，感受温馨的故事、柔美的意境和神奇而又美妙的音乐。

（二）丰富词汇：甜蜜蜜。

（三）能用恰当的语言续编、仿编故事中的部分情节。

活动准备：

物质：《梦幻曲》、多媒体课件、动画片、小提琴、动物头饰等。

知识：了解认识小提琴。

活动分析：

重点：理解故事内容，感受故事的美好意境。

难点：学会用恰当的语言续编、仿编故事。

活动过程：

（一）导入

利用课件图片，对半个梨子进行外形想象。

师：小朋友都吃过这种水果吗？是什么呀？你看这个梨像什么啊？这半个梨又像什么呢？有一只小松鼠捡到了一个大梨子，它把梨子做成了什么呢？让我们一起来听个故事吧。

（二）展开

1.利用课件分段讲述故事的主要情节。

讲完第一段，引导幼儿找到答案。提问：小松鼠用半个梨做成了什么？

过渡：小松鼠每天都拉琴，这美妙的音乐传进了动物们的耳朵里会怎样呢？我们接着往下听。

讲完第二段，鼓励幼儿合作表演。提问：这美妙的音乐传进了动物们的耳朵里，他们怎么了？为什么不追了？它怎么说的？鼓励幼儿上前戴头饰合作表演。提问：还有哪些动物会听到音乐呢？鼓励幼儿大胆地看图讲述故事内容，然后分组进行模仿。

过渡：小朋友合作表演得真不错，咱们继续往下听。

讲第三段，引导幼儿发散思维进行续编。提问：小音符会掉到哪儿去？掉到土里会怎样？

讲完第四段，引导幼儿进行概括。提问：小朋友，故事讲完了，你说这个故事讲了一件什么事呢？这个故事就是讲小松鼠用半个梨子做成小提琴以后，森林里发生了变化，你能试着给这个故事起个名字吗？好，我们就叫它《梨子小提琴》吧。

过渡：这个故事还有一个好看的动画片呢，想不想看？好，那我们一起欣赏吧。

2. 欣赏动画，理解内容，感受音乐的神奇美妙。

提问：小朋友们，为什么动物们听了音乐后不再追来打去了呢？不听音乐就追来打去，听了音乐就不追来打去了，这是为什么？

小结：听了音乐凶猛的动物变得安静了，变得有爱心了，心灵变得温暖、柔软、善良了。

提问：你听了这么好听的音乐心里有什么感觉？丰富词汇：甜蜜蜜。你能说说甜蜜蜜是什么意思吗？提问：那你发现音乐有什么作用了吗？

小结：原来音乐还这么神奇啊！能吸引人，能打动人心，还能改变人。其实在咱们生活中就有一种音乐疗法。你听！这是一首催眠的音乐，如果你的爷爷奶奶经常睡不着觉的话就可以听一听这首音乐。再来听听这首专门放松心情的音乐，小朋友们有什么感觉啊？是不是心情变得很轻松，很愉快了？

3. 仿编故事，合作表演，进一步体验作品内涵。

提问：原来音乐还有这么神奇的魔力啊！在这个故事里，还有哪些动物可能会听到这美妙的音乐？它们又会有怎样的变化呢？幼儿仿编，老师提出要求：今天老师给小朋友布置了大森林的场景，还准备了许多小动物的头饰，你们可以两个小朋友一组，一个扮演凶猛的动物，一个扮演弱小的动物，我们也来表演一下森林里的动物们听到音乐的前后变化。你们可以互相商量一下开始怎么演，听到美妙的音乐之后再怎么演。（随机问：你扮演什么？怎么演呢？）

表演开始：大森林里，老虎在追小兔，狼抓住了一只小羊。突然，小松鼠拉起了小提琴，（播放音乐）好听的音乐传进了动物们的耳朵里，凶猛的动物都安静下来，老虎不再追兔子了，大灰狼放了小羊，把它揽进怀里，一起听音乐。

（三）结束

给幼儿推荐"神秘园"的音乐，鼓励幼儿多听音乐。师：看来我们平时还是需要多听一点音乐来丰富我们的生活，你们说是不是啊？今天老师就给小朋友推荐一盘专辑音乐，名字就叫《神秘园》，里面有好多首音乐，比如《追梦人》《神秘园之歌》。当你听到这些音乐的时候就仿佛走进了大自然，来到了大森林，心情立刻就会变得轻松、敞亮了。回家以后你们可以和爸爸妈妈一起听，一起感受音乐的神奇和美妙。

三、社会领域《我是理财小能手》活动设计

❖ 本节活动课获 2017 年山东省一师一优课省级优课

活动名称： 我是理财小能手　　　　**班　次：** 大班
活动领域： 社会　　　　　　　　　**执教人：** 王倩

设计意图：

《我是理财小能手》选自山大出版社 2014 年 8 月第 2 版的《幼儿园主题活动课程》第八主题下的次主题三《我自己》。"我自己"这个主题，要求幼儿了解身体各个部位，感受身体的变化；在幼儿园的各类大带小活动中体会"我在长大"。成长，不仅体现在身体的变化上，还体现在幼儿会对自己能力的发展有一定的感受，他们独立自主的愿望也会逐渐生发出来。

《3～6 岁儿童学习与发展指南》中明确指出：培养孩子做力所能及的事。可见，关注幼儿生活自理、自立能力的发展，使他们具有自信、自主的生活态度是幼儿阶段重点培养的目标之一。现在的孩子大多是独生子女，非常任性，甚至自私。孩子们从小在家庭中受到诸多保护与照顾，想要什么就要有什么，对钱没有基本的概念和了解。因此合理的规划用钱、节约用钱是他们这个年龄阶段所需要具有的意识。为此，我借助社会活动"我是理财小能手"这一平台，试图让"小能手"们自己来"当家"，帮助他们了解钱的用途，并初步学会合理使用钱，掌握浅显的理财知识，从中了解到父母平时赚钱养家的辛劳，懂得花钱要节约、合理的道理。

活动目标：

（一）体验超市购物的乐趣，对理财产生兴趣。

（二）能正确辨别生活中花钱行为的对与错。

（三）了解理财方法，懂得花钱要合理、节约的道理。

活动分析：

重点：了解理财方法，懂得花钱要节约、合理的道理。

难点：树立正确的消费观念，增强理财意识。

活动准备：

知识：孩子了解人民币并有花钱的体验。

物质：纸币、硬币，布置小超市场景，多媒体课件，邀请理财师，若干张理财卡。

活动过程：

（一）导入

以猜猜看的形式，激发兴趣。

1. 知道人民币包括纸币和硬币。

2. 谈话："你们有钱吗？怎样花的呢？"导入课题。

提问：

（1）孩子们，你们有钱吗？你的钱是怎样得来的？

（2）你们会花钱吗？谁能说说你的钱是怎么花的？

小结：通过小朋友的回答，老师看出小朋友都非常能干。花钱其实是一门学问，那你们真的会花钱吗？今天老师布置了一个小超市，小朋友可以按照自己家庭的需要选择两样最需要的物品。

（二）展开

1. 超市购物，学习合理用钱。

请注意：商品分为6元区、5元区、3元区和2元区。（边介绍边展示超市货架上的物品）每个小朋友的标准是10元钱之内买两样东西，今天咱就看看谁最会花钱，买完之后可以快快回到座位，和你旁边的小朋友交流一下你买了什么东西，花了多少钱。来，孩子们去自由选购吧！

（1）自由选购。

（2）互相交流，老师引导。

小结：小朋友今天的消费比较合理，大多数小朋友买东西的支出没有超过10元钱，而且买的物品十分实用，有的小朋友还有剩余。看得出小朋友都挺会合理花钱的，因此通过购物我们发现超市购物要根据钱数和实际需要来购买物品，对吗？在我们的生活中还有很多地方需要用钱，如看病、上学、交水电煤气费、交通费等。爸爸妈妈挣钱这么辛苦，你们说我们应该怎样做呢？（节约水电，爱护玩具，不乱要衣服，不乱吃零食等）对，我们应该体谅父母，节约每一分钱。

2. 判断对错，树立正确的消费观念。

播放视频1后提问：你认为他这样花钱对吗？为什么？

小结：这位小朋友能体谅妈妈，舍弃自己喜爱的东西，从家庭需要的角度考虑，非常棒。

播放视频2后提问：你怎样看待她花钱的方式呢？

小结：花钱不能攀比，要买最需要的，而不是最贵的。

播放视频3后幼儿表达想法。

播放视频4后提问：这位小朋友的做法对吗？

小结：已经有的东西不应该重复购买，花钱应该学会节约。

3. 邀请理财师，学习正确的理财方法。

（1）理财师讲解理财方法。

小朋友们好，我是一位理财师。下面我向大家介绍一下小朋友们生活中正确的理财方法。儿童理财主要归纳为7部分：

1. 订购杂志、学习资料。

2. 购买学习用品及益智玩具。

3. 贴补家用。

4. 为长辈亲友过生日，表达孝心。

5. 设一个银行储蓄账户。

6. 献爱心，捐赠给希望工程。

7. 办理儿童保险。

（三）结束

出示理财卡片，让小朋友回家后和爸爸妈妈一起讨论正确的理财方法，争做理财小能手。

师：孩子们，你们看我手里这是什么啊？这是我和我的女儿共同制作的理财卡，我们一起看看她是怎么用的。我的女儿把钱分成三部分，她把一半的钱存起来，这部分用作日后生活急需或者学习需要；这一部分她会用来购买学习用品；最小的一部分用来购买自己最需要的物品和零食。今天老师也发给你们每人一张卡，你们可以回去和爸爸妈妈商量一下你的理财卡怎样用，下周我们进行理财小明星的交流活动。

四、语言领域《动物法庭》活动设计

❖ 本节活动课获 2007 年济南市优质课评比一等奖

活动名称：动物法庭　　　　　**班　次**：大班
活动领域：语言　　　　　　　**执教人**：王倩

设计意图：

辩论是一种高级的对话形式，它对幼儿来说非常具有挑战性，《动物法庭》就是以辩论为主的集体教学活动。《指南》中提到：幼儿园语言领域目标重点在于培养幼儿的口语交流能力，强调要积极为幼儿提供与同伴交流的机会。根据《动物法庭》的活动内容，我以积极调动幼儿想说、敢说、会说为原则，通过创设"模拟法庭"这一情景，引导幼儿围绕"大灰狼吃小白兔对吗？"这一个话题发表观点，并借助观看视频、分组操作等形式，让幼儿学会独立思考、评判事物，提高自我论证及说服他人的能力，同时激发幼儿探索科学知识的欲望。

活动目标：

（一）简单了解动物相互之间的关系以及动物与环境的关系。

（二）初步学会区分角色并用合适的语言进行辩论。

（三）初步了解自然界中的食物链。

活动准备：

物质：（一）动物图片若干（PPT 代替）。

（二）创设环境"模拟法庭"。

（三）兔子、狼、熊的"手偶"。

（四）小锤。

知识：幼儿了解法庭及动物相关知识。

活动过程：

（一）谈话与讨论。

师：教室有什么变化？哪里有变化？

师：小朋友们想一想，在哪里见过这种场景？它是用来干什么的？你知道它的名字吗？它的名字叫做法庭。

师：我们来一次模拟法庭的辩论赛。（教师着重讲解法庭的作用、如何辩论以及法官、原告、被告之间的关系）

（二）情景表演并进行法庭辩论。

师：让我们看看是谁来到了法庭？听听他们因为什么事来到这里？

教师扮演庭长，两名教师分别扮演兔子和狼上场。

师：谁来到了法庭？

幼：小白兔和大灰狼。

师：它们因为什么事来法庭？

幼：因为大灰狼要把小白兔吃光，小白兔要把草吃光。

师：小朋友说它们谁做的对？谁做的错？（幼儿自由阐述自己的观点）

师：好，今天让我们替大灰狼和小白兔进行辩论，怎么样？

幼：好。

师：我们的小朋友要分为两方，一方是小白兔的伙伴，一方是大灰狼的伙伴。我们分两边坐，如果你选择小白兔就坐到这边，阐述你们的观点；相反，如果选择大灰狼就坐到那边，也是阐述你们自己的观点。好，现在请小朋友选择吧。（幼儿自由选择，并坐好。）

师：今天就让我们来辩论两个问题，通过这两个问题我们就能知道答案了！

辩论一：大灰狼该不该吃小白兔？双方陈述理由。

（教师适时补充观点，引导幼儿了解得更全面）

辩论二：该不该判大灰狼罪？幼儿自由阐述。

（三）教师通过出示动物图片讲解食物链。

师：双方都有自己的理由，那到底应该怎么判呢？请幼儿设想：如果地球上全是一种动物（狮子、老虎、蛇……），那世界将会是什么样子啊？

（幼儿自由表达，教师可请几个幼儿表述观点。）

师：今天老师带来几幅图片，小朋友看看它们相互之间的关系。

出示图片，让幼儿简单了解自然界中的食物链。

（1）老虎→狼→狐狸→兔子→草

（2）老鹰→鸟→虫→草

（3）老鹰→蛇→青蛙→蝗虫→草

师：小朋友，通过这些图片你知道了什么？它们之间的这种关系就是生物界中的食物链。那你说还应不应该判大灰狼的罪啊？

（四）法官宣判。

师：通过这次辩论，我们知道兔子和狼都是食物链中的一环，对平衡和保护环境有着重要的作用，哪一种动物过多或过少都会影响地球的生态平衡。

植物长出的叶子和果实为虫子提供了食物，鸟吃虫子，鸟才有了生命，有了鹰和蛇，鼠类才不会成灾。它们之间的关系是"一物降一物"的。

所以，我们不能为了保护兔子就把狼全杀光，而狼也不能把兔子全部吃光。审判到此为止，本案结束。

亮点分享：

（一）关注生活，开阔思路。生活中，孩子们都喜欢看"动物世界"，动物的世界真实，壮观，富有生命力，所以我节选了其中"动物捕食"的精彩短片引入课题，激发幼儿讨论动物的欲望，打开对动物认知的思路，也为了解食物链做好知识准备。

（二）人机互动，实现情景中的体验学习。活动中，我借助幼儿喜欢的动物形象播放角色对话，引发幼儿的倾听兴趣，为辩论储备知识；又借助大熊法官的形象与幼儿互动，让孩子们自然地进入模拟法庭的情景，更好地投入角色，展开辩论。这种人机互动的活动形式，让课堂自然流畅，让孩子们在体验中得到发展。

（三）领域整合，引发思考，大胆表达。《指南》指出：要注重领域之间、目标之间的相互渗透和整合，促进幼儿身心全面协调发展。这个活动融语言、科学于一体，借助分组操作、观看视频，引发幼儿不断地思考、讨论，从而提高幼儿大胆表达观点的能力。

（四）转变角色，鼓励表现。在辩论活动中，教师的角色是不断变化的，有时是观察者，敏锐地捕捉幼儿提出的有价值的问题；有时是合作者，与幼儿一起参与争辩，亮出自己的观点，激发幼儿的讨论兴趣；有时是支持者，鼓励幼儿大胆发表意见，调动幼儿讨论的积极性，激发幼儿的批判性思维；有时是引导者，在幼儿讨论时提出有争议的话题，促进幼儿思考，将讨论引向深入。

五、科学领域《我们的火箭威力大》活动设计

❖ 本节活动课获幼儿园优质课评比一等奖

活动名称：我们的火箭威力大　　　　**班　次**：中班

活动领域：科学　　　　　　　　　　**执教人**：王倩

设计意图：

近期，随着我国"神舟五号"载人飞船的成功发射，中国航天科技成为大家瞩目的焦点。孩子们也不例外，他们关心火箭，关心航天，关心宇航员，对这一切都充满了好奇，本节课《我们的火箭威力大》正是根据孩子们的兴趣及孩子们的需要设计而成。

活动目的：

（一）激发幼儿对航天知识的兴趣，初步培养幼儿的现代科学意识及热爱祖国的情感。

（二）激发幼儿的想象力，培养幼儿敏锐的观察力、探索能力。

（三）帮助幼儿简单了解火箭的特点，并初步了解火箭的用途。

活动准备：

知识：幼儿日常对火箭的了解。

物质：关于火箭的课件两个、"神舟五号"发射场景、火箭炮6个、气球（每人一个）、飞镖盘一套。

活动分析：

重点：帮助幼儿初步了解火箭的相关知识。

难点：引导幼儿了解火箭升空的基本原理。

活动过程：

（一）导入

1.通过气球升空试验引出课题。

幼儿在老师的带领下吹气球，然后口朝下突然放掉，看看气球会发生什么变化。

小结：气球飞快地窜到空中，有一种向上的推力。

提问：想一想还有什么东西是利用这个原理升空的。

（二）展开

1.看录像，了解火箭的形状。

小结：火箭的头是尖尖的，身子圆圆的、长长的。

2.了解火箭的头为什么是尖尖的。

游戏：投飞镖——飞镖分为平头和箭头

试一试平头火箭和箭头火箭，看看哪一个能投在飞镖盘上，为什么？

小结：尖形的头能减少阻力，飞得更快、更远。

3.理解火箭升空的原理。（它为什么设计成一节一节的？）

（1）游戏：火箭炮。

小结：火箭炮升空时需要推力。

提问：重重的火箭是怎么升天的呢？（幼儿展示玩具火箭炮）

（2）看火箭升空的课件。

边放课件边进行讲解：由于火箭的体积很大，即使用很大的力，也不能把它送到预定的轨道，所以科学家把它设计成一节一节的。最下面一层放的燃料最多，等它燃烧完了就会自动脱落，火箭就会变轻一点，第二层再开始燃烧，而后脱落，一直把卫星送到预定的轨道。（课件分步展示）

4.初步了解火箭的用途。

提问：你们谁知道火箭的用途？

小结：因为火箭能飞得很快很远，人们用它运载人造卫星、宇宙飞船。人造卫星、宇宙飞船自己本身没有足够的力量飞到天空中去，只有让火箭把它送上去，到达位置后它们就会按照预定的轨道进行航行。

5. 带领幼儿重温首次载人航天飞船的发射场景，进一步激发幼儿的爱国之情。

（1）提问：看完之后你的心情是怎样的？（骄傲、自豪）

小结：我们国家首次发射了载人飞船，这开创了中国航天史上的新纪元，这一伟大成果也是众人瞩目的，我们真为我们的国家感到骄傲，感到自豪。

（2）介绍航天事业的发展。

（三）结束

小朋友们，我们再回去搜集一下关于"神舟五号"的资料，在我们班设置一个关于载人飞船的新闻角，好吗？

亮点分享：

（一）在活动开始阶段，利用课件吸引幼儿的注意力，激发他们对火箭上天的好奇心，再通过层次清楚、环环相扣的问题及小实验帮助幼儿解决问题，这体现了皮亚杰的认知理论。教师充分尊重了幼儿学科学的特点，重视幼儿学科学的过程，在教学过程中做到了"幼儿在前，教师在后；尝试在前，指导在后；操作在前，结论在后"，以幼儿主动探索为活动的主要内容。

（二）在教师有目的地引导下，幼儿进行了三次具有递进性的探索活动：小火箭上天的原因——小火箭如何上天——哪种方法让小火箭升得更高。活动充分调动了幼儿主动探索的积极性，使教师的主导和幼儿的主体相互统一，有机结合，这一点恰恰符合了《纲要》中科学教育的要求："学习科学的过程应该是幼儿主动探索的过程，教师要让幼儿运用感官、亲自动手动脑去发现问题，解决问题。"

六、大班科学活动《动物怎样保护自己》说课稿

各位领导、专家：

大家好！我的说课课题是大班科学活动《动物怎样保护自己》。下面，我将从四个方面展开说课。

（一）教材分析。

《动物怎样保护自己》这一内容选自《省编》教材大班上。动物是我们人类最好的朋友，喜爱小动物是孩子们的天性。生活中孩子们常常会提出一些和小动物有关的问题，如当动物朋友遇到危险时，它们是怎样保护自己呢？小朋友们对此充满了好奇。于是我选择了这节有关小动物的科学探索活动。活动不仅可以帮助孩子了解动物不同于人类的生活习性，还激发了幼儿喜爱小动物的情感。

教材知识点归类：了解动物的自我保护方法。知识点确定的依据是动物的自我保护方式多种多样，只有利用探究、发现、归类的形式才能帮助孩子获取知识。

教学目标有三个：1. 引发幼儿探究自然科学的兴趣，提高自我保护的意识。2. 鼓励幼儿仔细观察，讲述图片内容并学习分类。3. 引导幼儿了解多种动物保护自己的方法。

教材的重点是了解动物不同的自我保护方法。难点是对动物保护自己的方法进行归纳和分类。

（二）教学方法。

结合科学活动自身的特点，依据纲要的精神，我主要运用了调查

分析法和整理归类法。

1. 调查分析法：教师提前调动家长、孩子一起收集各种有关动物自我保护的资料，如图书、图片、网上下载的资料。授课时同时运用现代多媒体的手段，准备好相关的课件和录像资料，这样就能更生动、形象、直观地展示动物自我保护的方法，激发起幼儿自主学习的欲望，有助于孩子进行讨论、交流、学习。

2. 整理归类法：主要是利用各种图片引领幼儿进行操作，比较各种动物不同的自我保护方法，加以区分归类。最后通过大家的整体点评，又把大家的经验统一汇合，深化了各自的认识。

此外，我们还适时采用了交流讨论法、赏识激励法对活动加以整合，力求使活动达到科学性、艺术性、健康性、愉悦性的和谐统一。

（三）学法指导。

教学中我主要从两个方面进行学法指导，一是引导幼儿自主学习的方法。比如我给孩子们创设适宜的环境，提供了各种图书、图片等资料，让孩子们在宽松自由的环境中合作、探索、发现，自主地学习动物知识。教师根据孩子的实际需要进行不同的个别指导，满足他们的好奇心和求知欲。

二是引导幼儿合作学习的方法。小组中的合作让孩子在表达自己意愿的同时能注意倾听他人的想法，培养谦虚的学习态度。比如说说自己的感受、听听别人的想法，这样既有利于自我的发展，又有利于同伴间的相互学习，达成共识，体验到合作的快乐。

（四）教学程序。

我采用循序渐进的方式组织此活动，活动流程为：激发兴趣—开拓视野—分类归纳—整理提升—经验拓展—总结延伸。

教学过程大体分为三部分，即导入、展开和结束。

第一部分导入：讲述故事《老虎来了》，从故事中各种动物是如何对付老虎的例子出发，引发幼儿思考各种动物是用什么方法保护自己的。激发幼儿的兴趣，导入主题。

第二部分展开：包含四个环节。

第一环节：了解动物保护自己的几种常用方法，扩展幼儿已有的知识。通过带领幼儿观看录像，引导幼儿初步了解录像中小动物自我保护的方法。在观看前提出要求："注意里面都有哪些动物，它们是怎样保护自己的？"这样，孩子们带着问题去观看动物保护自己的方法，有一定的目的性。同时，生动的课件和录像刺激孩子回想起自己所搜集的动物自我保护方法，为孩子大胆发表观点做好了准备。

第二环节：进行动物自我保护方法的归类。出示动物挂图，鼓励孩子说说自己的看法，不断地鼓励孩子们进行小结。这样，孩子们在仔细倾听、主动思考、总结概括、语言表达的过程中对动物自我保护方法的印象就更深了。在这个基础上，就可以启发孩子进行归类。动物们保护自己的方法主要有运用保护色，利用身体当武器、硬壳，硬刺，逃跑，装死等。

第三环节：启发幼儿操作动物图片并进行整理提升。活动中设计游戏：帮动物分类。请每组幼儿在仔细观察、思考、讨论后进行分类，把具有相同保护方法的动物放在一起，比一比哪组幼儿合作得最好。

第四环节：联系生活，教育幼儿懂得自我保护。安全是人类最基本、最重要的需求，安全就是生命。幼儿学会自我保护，就能使自己的安全和健康得到守护。通过此活动教育幼儿遇到危险时应该怎样做，如拨打110、119、120，还可以找警察等，让孩子们真正感觉到自我保护的重要性。

第三部分结束：延伸活动。区域活动时，在探索区提供小动物自我保护方面的图书、视频，供幼儿再次进行学习。

活动反思：

教师在教学活动中做好宏观调控，控制好节奏速度，注意根据问题的难易程度，有针对性地选择不同能力和水平的孩子回答。当然，在实际的教学活动中，设计好的教学方法和教学过程都不是一成不变的，还要根据孩子的实际反应和接受能力及时调整，以良好的应变能力和灵活的教育机制，努力体现"以幼儿发展为本"的教育理念。

附　录

[1]《3～6岁儿童学习与发展指南》.中华人民共和国教育部,北京:首都师范大学出版社,2012.10.

[2]《幼儿园保育教育质量评估指南》.中华人民共和国教育部,2022.02.

[3]刘月霞,郭华著.《深度学习:走向核心素养》[M].北京:教育科学出版社,2022(10):32.

[4]董旭花,韩冰川,阎莉,张海豫著.《自主游戏》[M].北京:中国轻工业出版社,2021(03):29.

[5]Alison Clark著,刘宇译.《倾听幼儿》[M].北京:中国轻工业出版社,2022(06):11.

[6]虞瑛琳.《幼儿园课程游戏化生成策略的分析》[J].2018(36):114-115.

[7][丹]迪翁.萨默尔[瑞典]英格瑞德.普拉姆林.塞缪尔森[挪]卡斯腾.亨代德著,北京师范大学学前教育研究所组织翻译.杜继纲等译.《儿童视角与儿童的视角:理论与实践》[M].北京:北京师范大学出版社,2023(03):107.

[8][美]埃米.L.多姆布罗,[美]朱迪.贾布朗,[美]夏洛特.斯特森著,王江连译.《有力的师幼互动:促进幼儿学习的策略》[M].北京:中国轻工业出版社,2021(12):35.

后 记

九月的风，摇曳着法桐叶间缕缕的阳光。

在每一个新生入园的初秋，我都会站在幼儿园的门口，大手牵着小手，把一个个陌生、可爱的孩子领进幼儿园。那时的我总会想，这是一个多么美好而神圣的时刻：幼儿从家庭走向校园，探索学习，游戏互助，迈出了校园生活的第一步；老师又要开始新一轮爱的陪伴，激发潜能，启蒙童心，为幼儿打下阳光、幸福的人生底色。

九月的风，轻轻拂过25载的时光……

25年前的一天，初出茅庐的我走进济南市经五路幼儿园，成为一名幼儿教师。25年的时间转瞬即逝，而我也在幼儿教育的路上一路耕耘。一路走来，有焦头烂额时的烦恼，有初心不渝的笃行，有头绪纷乱中的思考，也有思考后的探索与践行……我想，如果能把这些"思"的智慧、"行"的实践汇集成册，于自己是一种梳理与鞭策，于幼教同仁亦可起到抛砖引玉的作用，引发教育思考，促进教育实践。

书，是爱的结晶。我热爱幼儿教师这份工作，这里有我的梦想、我的快乐，能用爱心孕育希望，用智慧引领成长；济南市经五路幼儿园，名师云集的智慧团队，是我专业成长的摇篮；经驿幼儿园，好学而笃行的青年队伍，是我践行教育梦想的田园；市中区教体局学前科齐宝清主任学识渊博，治学严谨，在书稿选题、资料搜集方面给予了专业的指导；我的爱人李广友先生在繁忙的教学工作之余帮我校对、修改文稿，给我鼓励；我还要感谢汉唐书局董事长冀瑞雪女士和她的汉唐书局团队，她们对本书的编写与修改完善给予了悉心指导和严格把关，付出了很多心血，给了我莫大的支持、信任与激励。由此可见，《如何成为卓越幼儿教师》一书是因爱而生。

识学所囿，书中错误在所难免，真诚地希望学前教育同仁和各位专家提出宝贵意见。

王倩
2024年6月于泉城